全国普法学习

增值税与消费税法律法规读本

消费税法律法规

魏光朴 主编

汕头大学出版社

图书在版编目（CIP）数据

消费税法律法规/魏光朴主编． -- 汕头：汕头大学出版社，2023.4（重印）

（增值税与消费税法律法规读本）

ISBN 978-7-5658-3212-3

Ⅰ．①消… Ⅱ．①魏… Ⅲ．①消费税-税法-中国-学习参考资料 Ⅳ．①D922.229.4

中国版本图书馆 CIP 数据核字（2017）第 254881 号

消费税法律法规

XIAOFEISHUI FALÜ FAGUI

主　　编：魏光朴
责任编辑：邹　峰
责任技编：黄东生
封面设计：大华文苑
出版发行：汕头大学出版社
广东省汕头市大学路 243 号汕头大学校园内　邮政编码：515063
电　　话：0754-82904613
印　　刷：三河市元兴印务有限公司
开　　本：690mm×960mm 1/16
印　　张：18
字　　数：226 千字
版　　次：2017 年 10 月第 1 版
印　　次：2023 年 4 月第 2 次印刷
定　　价：59.60 元（全 2 册）

ISBN 978-7-5658-3212-3

版权所有，翻版必究

如发现印装质量问题，请与承印厂联系退换

前 言

习近平总书记指出:"推进全民守法,必须着力增强全民法治观念。要坚持把全民普法和守法作为依法治国的长期基础性工作,采取有力措施加强法制宣传教育。要坚持法治教育从娃娃抓起,把法治教育纳入国民教育体系和精神文明创建内容,由易到难、循序渐进不断增强青少年的规则意识。要健全公民和组织守法信用记录,完善守法诚信褒奖机制和违法失信行为惩戒机制,形成守法光荣、违法可耻的社会氛围,使遵法守法成为全体人民共同追求和自觉行动。"

中共中央、国务院曾经转发了中央宣传部、司法部关于在公民中开展法治宣传教育的规划,并发出通知,要求各地区各部门结合实际认真贯彻执行。通知指出,全民普法和守法是依法治国的长期基础性工作。深入开展法治宣传教育,是全面建成小康社会和新农村的重要保障。

普法规划指出:各地区各部门要根据实际需要,从不同群体的特点出发,因地制宜开展有特色的法治宣传教育坚持集中法治宣传教育与经常性法治宣传教育相结合,深化法律进机关、进乡村、进社区、进学校、进企业、进单位的"法律六进"主题活动,完善工作标准,建立长效机制。

特别是农业、农村和农民问题,始终是关系党和人民事业发展的全局性和根本性问题。党中央、国务院发布的《关于推进社会主义新农村建设的若干意见》中明确提出要"加强农村法制建设,深入开展农村普法教育,增强农民的法制观念,提高农民依法行使权利和履行义务的自觉性。"多年普法实践证明,普及法律知识,提高法制观念，增强全社会依法办事意识具有重要作用。特别是在广大农村进行普法教育，是提高全民法律素质的需要。

多年来，我国在农村实行的改革开放取得了极大成功，农村发生了翻天覆地的变化，广大农民生活水平大大得到了提高。但是，由于历史和社会等原因，现阶段我国一些地区农民文化素质还不高，不学法、不懂法、不守法现象虽然较原来有所改变，但仍有相当一部分群众的法制观念仍很淡化，不懂、不愿借助法律来保护自身权益，这就极易受到不法的侵害，或极易进行违法犯罪活动，严重阻碍了全面建成小康社会和新农村步伐。

为此，根据党和政府的指示精神以及普法规划，特别是根据广大农村农民的现状，在有关部门和专家的指导下，特别编辑了这套《全国普法学习读本》。主要包括了广大人民群众应知应懂、实际实用的法律法规。为了辅导学习，附录还收入了相应法律法规的条例准则、实施细则、解读解答、案例分析等；同时为了突出法律法规的实际实用特点，兼顾地方性和特殊性，附录还收入了部分某些地方性法律法规以及非法律法规的政策文件、管理制度、应用表格等内容，拓展了本书的知识范围，使法律法规更"接地气"，便于读者学习掌握和实际应用。

在众多法律法规中，我们通过甄别，淘汰了废止的，精选了最新的、权威的和全面的。但有部分法律法规有些条款不适应当下情况了，却没有颁布新的，我们又不能擅自改动，只得保留原有条款，但附录却有相应的补充修改意见或通知等。众多法律法规根据不同内容和受众特点，经过归类组合，优化配套。整套普法读本非常全面系统，具有很强的学习性、实用性和指导性，非常适合用于广大农村和城乡普法学习教育与实践指导。总之，是全国全民普法的良好读本。

目 录

中华人民共和国消费税暂行条例

中华人民共和国消费税暂行条例……………………………（1）
附 录
　关于消费税有关政策问题的公告……………………………（5）
　国家税务总局关于消费税有关政策问题补充规定的公告……（7）
　关于《消费税有关政策问题补充规定的公告》的解读……（11）
　一般消费税和一般增值税退付申报及审批办法……………（16）
　国家税务总局关于取消两项消费税审批事项后有关
　　管理问题的公告……………………………………………（21）
　国家税务总局关于取消销货退回消费税退税等两项
　　消费税审批事项后有关管理问题的公告…………………（23）
　出口货物劳务增值税和消费税管理办法……………………（24）
　四川省关于实行小规模纳税人按季申报缴纳增值税消费税和
　　文化事业建设费的公告……………………………………（48）
　大连市增值税、消费税税收优惠管理办法…………………（51）

中华人民共和国消费税暂行条例实施细则

中华人民共和国消费税暂行条例实施细则……………………（56）
附 录
　关于调整小汽车进口环节消费税的通知……………………（63）
　国家税务总局关于超豪华小汽车消费税征收管理
　　有关事项的公告……………………………………………（64）

— 1 —

关于对超豪华小汽车加征消费税有关事项的通知 …… (66)
财政部　国家税务总局关于继续提高成品油消费税的通知 … (68)
白酒消费税最低计税价格核定管理办法（试行）…… (69)
国家税务总局关于白酒消费税最低计税价格
　核定问题的公告 …… (72)
葡萄酒消费税管理办法（试行）…… (73)
卷烟消费税计税价格信息采集和核定管理办法 …… (76)
国家税务总局关于卷烟消费税计税价格核定管理
　有关问题的公告 …… (81)
财政部　国家税务总局关于调整化妆品消费税政策的通知 … (83)
财政部　国家税务总局关于调整化妆品进口环节
　消费税的通知 …… (84)
国务院关税税则委员会关于调整进境物品进口税
　部分商品范围的通知 …… (86)
国家税务总局关于高档化妆品消费税征收管理事项的公告 … (87)
关于《国家税务总局关于高档化妆品消费税征收
　管理事项的公告》的解读 …… (99)
关于对电池涂料征收消费税的通知 …… (101)
国家税务总局关于明确电池涂料消费税征收管理
　有关事项的公告 …… (105)
关于《国家税务总局关于明确电池　涂料消费税征收管理
　有关事项的公告》的解读 …… (107)
汽油、柴油消费税管理办法（试行）…… (109)
用于生产乙烯、芳烃类化工产品的石脑油、燃料油退（免）
　消费税暂行办法 …… (113)
石脑油、燃料油退（免）消费税管理操作规程（试行）…… (125)
关于石脑油　燃料油生产乙烯　芳烃类化工产品消费税
　退税问题的公告 …… (132)

中华人民共和国消费税暂行条例

中华人民共和国消费税暂行条例

中华人民共和国国务院令

第 539 号

《中华人民共和国消费税暂行条例》已经 2008 年 11 月 5 日国务院第 34 次常务会议修订通过，现将修订后的《中华人民共和国消费税暂行条例》公布，自 2009 年 1 月 1 日起施行。

总理　温家宝

二〇〇八年十一月十日

(1993 年 12 月 13 日中华人民共和国国务院令第 135 号发布；2008 年 11 月 5 日国务院第 34 次常务会议修订通过)

第一条　在中华人民共和国境内生产、委托加工和进口本条例规定的消费品的单位和个人，以及国务院确定的销售本条例规定的消费品的其他单位和个人,为消费税的纳税人,应当依照本条例缴纳消费税。

第二条 消费税的税目、税率,依照本条例所附的《消费税税目税率表》执行。

消费税税目、税率的调整,由国务院决定。

第三条 纳税人兼营不同税率的应当缴纳消费税的消费品(以下简称应税消费品),应当分别核算不同税率应税消费品的销售额、销售数量;未分别核算销售额、销售数量,或者将不同税率的应税消费品组成成套消费品销售的,从高适用税率。

第四条 纳税人生产的应税消费品,于纳税人销售时纳税。纳税人自产自用的应税消费品,用于连续生产应税消费品的,不纳税;用于其他方面的,于移送使用时纳税。

委托加工的应税消费品,除受托方为个人外,由受托方在向委托方交货时代收代缴税款。委托加工的应税消费品,委托方用于连续生产应税消费品的,所纳税款准予按规定抵扣。

进口的应税消费品,于报关进口时纳税。

第五条 消费税实行从价定率、从量定额,或者从价定率和从量定额复合计税(以下简称复合计税)的办法计算应纳税额。应纳税额计算公式:

实行从价定率办法计算的应纳税额=销售额×比例税率

实行从量定额办法计算的应纳税额=销售数量×定额税率

实行复合计税办法计算的应纳税额=销售额×比例税率+销售数量×定额税率

纳税人销售的应税消费品,以人民币计算销售额。纳税人以人民币以外的货币结算销售额的,应当折合成人民币计算。

第六条 销售额为纳税人销售应税消费品向购买方收取的全部价款和价外费用。

第七条 纳税人自产自用的应税消费品,按照纳税人生产的同类消费品的销售价格计算纳税；没有同类消费品销售价格的，按照组成计税价格计算纳税。

实行从价定率办法计算纳税的组成计税价格计算公式：

组成计税价格=（成本+利润）÷（1-比例税率）

实行复合计税办法计算纳税的组成计税价格计算公式：

组成计税价格=（成本+利润+自产自用数量×定额税率）÷（1-比例税率）

第八条 委托加工的应税消费品，按照受托方的同类消费品的销售价格计算纳税；没有同类消费品销售价格的，按照组成计税价格计算纳税。

实行从价定率办法计算纳税的组成计税价格计算公式：

组成计税价格=（材料成本+加工费）÷（1-比例税率）

实行复合计税办法计算纳税的组成计税价格计算公式：

组成计税价格=（材料成本+加工费+委托加工数量×定额税率）÷（1-比例税率）

第九条 进口的应税消费品，按照组成计税价格计算纳税。

实行从价定率办法计算纳税的组成计税价格计算公式：

组成计税价格=（关税完税价格+关税）÷（1-消费税比例税率）

实行复合计税办法计算纳税的组成计税价格计算公式：

组成计税价格=（关税完税价格+关税+进口数量×消费税定额税率）÷（1-消费税比例税率）

第十条 纳税人应税消费品的计税价格明显偏低并无正当理由的，由主管税务机关核定其计税价格。

第十一条 对纳税人出口应税消费品，免征消费税；国务院另有规定的除外。出口应税消费品的免税办法，由国务院财政、税务主管部门规定。

第十二条 消费税由税务机关征收，进口的应税消费品的消费税由海关代征。

个人携带或者邮寄进境的应税消费品的消费税,连同关税一并计征。具体办法由国务院关税税则委员会会同有关部门制定。

第十三条　纳税人销售的应税消费品,以及自产自用的应税消费品,除国务院财政、税务主管部门另有规定外,应当向纳税人机构所在地或者居住地的主管税务机关申报纳税。

委托加工的应税消费品,除受托方为个人外,由受托方向机构所在地或者居住地的主管税务机关解缴消费税税款。

进口的应税消费品,应当向报关地海关申报纳税。

第十四条　消费税的纳税期限分别为1日、3日、5日、10日、15日、1个月或者1个季度。纳税人的具体纳税期限,由主管税务机关根据纳税人应纳税额的大小分别核定;不能按照固定期限纳税的,可以按次纳税。

纳税人以1个月或者1个季度为1个纳税期的,自期满之日起15日内申报纳税;以1日、3日、5日、10日或者15日为1个纳税期的,自期满之日起5日内预缴税款,于次月1日起15日内申报纳税并结清上月应纳税款。

第十五条　纳税人进口应税消费品,应当自海关填发海关进口消费税专用缴款书之日起15日内缴纳税款。

第十六条　消费税的征收管理,依照《中华人民共和国税收征收管理法》及本条例有关规定执行。

第十七条　本条例自2009年1月1日起施行。

附 录

关于消费税有关政策问题的公告

国家税务总局公告
2012 年第 47 号

现将消费税有关政策公告如下:

一、纳税人以原油或其他原料生产加工的在常温常压条件下(25℃/一个标准大气压)呈液态状(沥青除外)的产品,按以下原则划分是否征收消费税:

(一)产品符合汽油、柴油、石脑油、溶剂油、航空煤油、润滑油和燃料油征收规定的,按相应的汽油、柴油、石脑油、溶剂油、航空煤油、润滑油和燃料油的规定征收消费税;

(二)本条第(一)项规定以外的产品,符合该产品的国家标准或石油化工行业标准的相应规定(包括产品的名称、质量标准与相应的标准一致),且纳税人事先将省级以上(含)质量技术监督部门出具的相关产品质量检验证明报主管税务机关进行备案的,不征收消费税;否则,视同石脑油征收消费税。

二、纳税人以原油或其他原料生产加工的产品如以沥青产品对外销售时,该产品符合沥青产品的国家标准或石油化工行业标准的相应规定(包括名称、型号和质量标准等与相应标准一致),且纳税人事先将省级以上(含)质量技术监督部门出具的相关产品质量检验证明报主管税务机关进行备案的,不征收消费税;否则,视同燃料油征收消费税。

三、工业企业以外的单位和个人的下列行为视为应税消费品的生产行为，按规定征收消费税：

（一）将外购的消费税非应税产品以消费税应税产品对外销售的；

（二）将外购的消费税低税率应税产品以高税率应税产品对外销售的。

四、本公告自 2013 年 1 月 1 日起执行。

特此公告。

国家税务总局

2012 年 11 月 6 日

国家税务总局关于消费税有关
政策问题补充规定的公告

国家税务总局公告
2013 年第 50 号

现对《国家税务总局关于消费税有关政策问题的公告》（国家税务总局公告 2012 年第 47 号）有关问题补充规定如下：

一、国家税务总局公告 2012 年第 47 号第一条和第二条所称"其他原料"是指除原油以外可用于生产加工成品油的各种原料。

二、纳税人生产加工符合国家税务总局公告 2012 年第 47 号第一条第（一）项规定的产品，无论以何种名称对外销售或用于非连续生产应征消费税产品，均应按规定缴纳消费税。

三、国家税务总局公告 2012 年第 47 号第一条第（二）项所称"本条第（一）项规定以外的产品"是指产品名称虽不属于成品油消费税税目列举的范围，但外观形态与应税成品油相同或相近，且主要原料可用于生产加工应税成品油的产品。

前款所称产品不包括：

（一）环境保护部发布《中国现有化学物质名录》中列明分子式的产品和纳税人取得环境保护部颁发的《新化学物质环境管理登记证》中列名的产品；

（二）纳税人取得省级（含）以上质量技术监督部门颁发的《全国工业产品生产许可证》中除产品名称注明为"石油产品"外的各明细产品。

本条第一款规定的产品，如根据国家标准、行业标准或其他方法可以确认属于应征消费税的产品，适用本公告第二条规定。

四、国家税务总局公告2012年第47号第二条所称"纳税人以原油或其他原料生产加工的产品"是指常温常压状态下呈暗褐色或黑色的液态或半固态产品。

其他呈液态状产品以沥青名称对外销售或用于非连续生产应征消费税产品，适用国家税务总局公告2012年第47号第一条和本公告第三条规定。

沥青产品的行业标准，包括石油化工以及交通、建筑、电力等行业适用的行业性标准。

五、国家税务总局公告2012年第47号所称"相关产品质量检验证明"是指经国家认证认可监督管理委员会或省级质量技术监督部门依法授予实验室资质认定的检测机构出具的相关产品达到国家或行业标准的检验证明，且该检测机构对相关产品的检测能力在其资质认定证书附表规定的范围之内。

纳税人委托检测机构对相关产品进行检验的项目应为该产品国家或行业标准中列明的全部项目。在向主管税务机关提交检验证明备案时，应一并提供受检产品的国家或行业标准以及检测机构具备检测资质和该产品检测能力的证明材料，包括资质认定证书及检测能力附表复印件等。

本省（自治区、直辖市、计划单列市，以下简称省市）范围内的检测机构对相关产品不能检验的，纳税人可委托其他省市符合条件的检测机构对产品进行检验，并按前款规定提供产品检验证明和检测机构资质能力证明等材料。

六、对国家税务总局公告2012年第47号和本公告规定可不提供检验证明或已提供检验证明而不缴纳消费税的产品，税务机关可根据需要组织进行抽检，核实纳税人实际生产加工的产品是否符合不征收消费税的规定。

七、纳税人发生下列情形之一且未缴纳消费税的，主管税务机关应依法补征税款并予以相应处理：

（一）应提供而未提供检验证明；

（二）虽提供检验证明，但实际生产加工的产品不符合检验证明所依据的国家或行业标准。

八、下列产品准予按规定从消费税应纳税额中扣除其原料已纳的消费税税款，但可享受原料所含消费税退税政策的产品除外：

（一）按国家税务总局公告2012年第47号和本公告规定视同石脑油、燃料油缴纳消费税的产品；

（二）以外购或委托加工收回本条第（一）项规定的产品为原料生产的应税消费品；

（三）按国家税务总局公告2012年第47号第三条第（二）项规定缴纳消费税的产品。

九、纳税人生产、销售或受托加工本公告第八条第（一）项规定的产品，应在向购货方或委托方开具的增值税专用发票品名后注明"视同石脑油（或燃料油）"或"视同石脑油（或燃料油）加工"。购货方或委托方以该产品为原料生产应税消费品，需凭上述凭证按规定办理原料已纳消费税税款的扣除手续。

十、各地税务机关应加强消费税的日常管理和纳税评估，加大对纳税人不同名称产品销量异常变动情况的监管，并可根据需要对视同石脑油、燃料油征收消费税的产品，制定具体管理办法。

十一、本公告自2013年1月1日起施行。本公告施行前，纳税人向主管税务机关提交备案的产品检验证明，如所检项目为该产品国家或行业标准中列明的全部项目，可不做调整，如所检项目仅为部分项目，需补充提供其他项目的检验证明备案，对不提供全部项目检验证明的,视同不符合该产品的国家或行业标准;对已缴纳消费税的产品,根据本公告规定不属于消费税征税范围的,纳税人可按规定申请退税或抵减以后期间的应纳消费税。

特此公告。

国家税务总局
2013 年 9 月 9 日

关于《消费税有关政策问题补充规定的公告》的解读

(2013年09月18日国家税务总局办公厅发布)

一、关于本公告制定的目的

为规范成品油消费税管理，促进成品油市场公平竞争，堵塞一些纳税人通过变换产品名称逃避成品油消费税的漏洞，国家税务总局经深入调研并征求一些石油炼化企业的意见后，出台了《国家税务总局关于消费税有关政策问题的公告》（国家税务总局公告2012年第47号，以下简称第47号公告）。该公告发布后，纳税人对此存在着不同的理解，基层税务机关在执行过程中也面临一些需要细化的问题。为进一步增强对成品油消费税管理的认识，明确第47号公告相关的操作性事项，国家税务总局采取多种方式，广泛听取了一些石油炼化企业、石油化工行业协会、石化行业专家的意见，在充分考虑各方面建议和税收征管实际的基础上，制定了本公告。

二、关于成品油消费税的征收范围

2008年，财政部和国家税务总局按照国务院关于实施成品油税费改革的统一部署，发布了《财政部 国家税务总局关于提高成品油消费税税率的通知》（财税〔2008〕167号，以下简称《通知》），对成品油消费税征收范围进行了调整完善。根据《通知》规定，除汽油、柴油、航空煤油、溶剂油外，对以原油或其他原料加工生产的用于化工原料的各种轻质油均按石脑油征收消费税，对各类重油、渣油均按燃料油征收消费税。由此可见，2008年成品油税费改革后，凡属轻质油或重油、渣油的产品，无论取何种名称，无论是用做调制成品油还是化工原料，都应缴纳消费税。

第47号公告和本公告就是在上述规定的基础上，从加强管理、堵塞漏洞、公平税负的角度，进一步明确纳税人凡生产加工符合汽油、柴油、航空煤油、石脑油、溶剂油、润滑油、燃料油征税规定的产品（以下简称应税成品油），无论以何种名称对外销售或用于非连续生产应征消费税产品，均应按规定缴纳消费税。

三、关于应税成品油与其他石油化工产品的区分问题

由于实践中对应税成品油与一些非应征消费税的石油化工产品（以下简称非应税产品），存在着难以明确区分的问题。为解决这一问题，本公告在第47号公告的基础上，明确了以下四种具体的区分方法：

一是从产品的化学特性进行区分。根据国家环境保护相关规定，除少数情形外，凡在我国境内生产、加工、销售、使用或进口的化学物质，必须已列入环境保护部发布的《中国现有化学物质名录》（现有名录详见环境保护部公告2013年第1号）或取得《新化学物质环境管理登记证》。从化学特性看，可以用一种化学分子式表示的产品纯度均较高，具有固定的熔点、沸点等性质，通过一些常用的检测方法（如气相色谱法等），即能将其与混合物加以区分，而应税成品油都是多种化合物的混合物，其中各物质均保持原有性质（如没有固定沸点等），不能用一种化学分子式来表示且不属于新化学物质。因此，《中国现有化学物质名录》中列明分子式的产品和纳税人取得《新化学物质环境管理登记证》的产品，与应税成品油有着明显区别。

二是从产品的生产许可进行区分。根据《中华人民共和国工业产品生产许可证管理条例》（国务院令第440号）规定，国家对包括石油产品等危险化学品在内的重要工业产品，实行生产许可证制度。该许可证的发放管理由省级（含）以上质量技术监督部门负责。国家质量监督检验检疫总局对需要办理生产许可的各类产品，均公布了生产许可证实施细则及具体产品品种名称（可从国家质量监督检验检疫总局官方网站查询：http://cpzljds.aqsiq.gov.cn/scxk/），并将石油产品与其他危险化学品进行了一定的区分。纳税人从事这些产品生产，必须经省级或受省级委托的地方质量技术监

督部门实地核查、产品抽检并审核通过后，才能获得列明产品品种明细的《全国工业产品生产许可证》。据此，本公告规定，纳税人取得省级（含）以上质量技术监督部门颁发的《全国工业产品生产许可证》中列明的各种明细产品，除在产品名称中注明为"石油产品"外，均不需提交检验证明备案，不属于成品油消费税征收范围。

三是从产品的主要原料和外观形态进行区分。对没有明确分子式且未取得《新化学物质环境管理登记证》和《全国工业产品生产许可证》的产品，如果在流动性、颜色等外观形态上与成品油具有明显差异，或其所需主要原料并非可用于生产加工成品油的原料，则可将此作为判定该产品不属于成品油消费税征税范围的重要依据。

四是从产品的国家标准或行业标准进行区分。在上述三个区分方法之外，对外观形态和生产所需主要原料与应税成品油相同或相近的产品，如符合该产品国家标准或行业标准并按规定向主管税务机关提供检测证明备案的，可视为非应税产品，否则，视同石脑油或燃料油征收消费税。但是，对通过国家标准、行业标准或其他方法可以确认属于应税成品油的，即便产品符合国家标准或行业标准，也应征收消费税。

四、关于产品质量检验和抽检的问题

根据国家质量监督检验检疫总局发布的《实验室和检查机构资质认定管理办法》（国家质量监督检验检疫总局令第86号），在我国境内从事向社会出具具有证明作用的数据和结果的机构，须经国家认证认可监督管理委员会或各省、自治区、直辖市人民政府质量技术监督部门依法予以资质认定。因此，本公告在第47号公告的基础上，对纳税人提供产品符合国家标准或行业标准的检验证明所涉及的检测机构资质条件、受理范围、证明材料等事项做了进一步明确。对检测机构资质真实性和有效性需要核实的，可根据《实验室和检查机构资质认定管理办法》，向国家认证认可监督管理委员会或省级质量技术监督部门提出书面申请进行确认，部分检测机构及检测能力信息可登录"中国检测资源平台"网（http://www.testingdb.cn/）查询。

为更好地促进纳税遵从、维护公平竞争，防范变换产品名称避税以及产品检验过程中的弄虚作假行为，对纳税人依据第47号公告和本公告规定不缴纳消费税的产品，税务机关可根据需要组织进行抽检，核实纳税人实际生产加工的产品是否符合不征收消费税的规定。如有不符，将严格依法予以补税和处罚。

五、关于应税产品中原料已纳消费税的扣除问题

根据现行消费税政策规定，部分应税消费品在计税时可扣除其原料已纳的消费税税款。对按照第47号公告视同石脑油、燃料油缴纳消费税的产品以及该公告第三条第（二）项规定的产品，也可享受这一政策。一方面，纳税人生产上述产品时，其原料已纳税税款可按规定扣除；另一方面，纳税人以上述产品为原料生产加工其他应税消费品时，上述产品已纳消费税税款也可按规定扣除。同时，由于对一些按第47号公告应征消费税产品，目前还实行其原料已纳消费税的退税政策，为避免退税与扣除政策交叉重叠，本公告规定这类可享受退税的产品，不再适用其原料已纳消费税的扣除政策。

此外，为使上述扣除政策更好地落实到位，本公告规定，纳税人生产、销售或受托加工视同石脑油、燃料油缴纳消费税的产品，其向购货方或委托方开具的增值税专用发票品名后应注明"视同石脑油（或燃料油）"或"视同石脑油（或燃料油）加工"。购货方或委托方以该产品为原料生产应税消费品，可据此按规定办理原料已纳消费税税款的申报扣除手续。

六、关于本公告的执行时间

本公告是对第47号公告有关问题的进一步明确，因此，其执

行时间应与第 47 号公告保持一致。为减轻纳税人负担，对在本公告下发前，纳税人向主管税务机关提交备案的产品检验证明，如所检项目为该产品国家或行业标准中列明的全部项目，可不做调整，但如所检项目仅为部分项目，则需补充提供其他项目的检验证明备案；对已缴纳但根据本公告规定无须缴纳消费税的产品，纳税人可按现行相关规定申请办理退税或抵减以后期间的应纳消费税。

一般消费税和一般增值税
退付申报及审批办法

财政部印发《一般消费税和一般增值税
退付申报及审批办法》的通知
财商字〔1994〕278 号

国务院有关部委、国家税务总局、中国人民银行、中央总金库、各省、自治区、直辖市及计划单列市财政厅（局）、税务局、分金库：

　　为切实做好一般企业消费税、增值税的退付工作，我部制定了《一般消费税和一般增值税退付申报及审批办法》，现印发执行。

中华人民共和国财政部
1994 年 6 月 26 日

　　第一条　为落实财政部、国家税务总局、中国人民银行《关于税制改革后对某些企业实行"先征后退"有关预算管理问题的暂行规定的通知》（（94）财预字第 55 号），规范一般消费税和一般增值税退付（以下简称"退税"）申报和审批工作，制定本办法。

　　第二条　"退税"以国务院和财政部有关规定为依据。

　　第三条　"退税"的申报和审查核批必须遵循依法办理、实事求是、严肃认真、提高效率的原则。

　　第四条　企业申请"退税"须向财政部驻纳税地中央企业财政驻厂员处（组）书面申请，提出申请退税的依据，附报退税申请书，并提供已纳税款的缴款书原件和复印件一份。

退税申请书由省（自治区、直辖市、深圳市）中央企业财政驻厂员处（以下简称省中企处）统一印制。

第五条 未设中央企业财政驻厂员机构的市（地），由各省中企处委托该市（地）财政局受理当地企业"退税"申请。企业距市（地）中央企业财政驻厂员处（组）或财政局较远，办理"退税"不方便的，可由市（地）中央企业财政驻厂员处（组）或上述财政局委托企业所在县（市）财政局代理有关工作，报省中企处备案。

受委托的市（地）、县（市）财政部门在退税业务工作上应接受省中企处的指导和管理。

第六条 企业"退税"申请，应在解缴税款并收到国库（经收处）收款盖章后退回的缴款书（收据联）三日后提出；企业两次报送"退税"申请书的时间间隔一般不少于15天。

第七条 各市（地）中央企业财政驻厂员处（组）（含第五条中所指的市（地）财政局和县（市）财政局，以下统称"退税申请受理单位"）接到企业的退税申请后，必须就以下内容进行认真初审：

1. 报送的有关资料是否齐全、真实；

2. 申请退税的依据是否充分；

3. 申请退付的税款金额是否正确；

4. 申请退付的税款是否已经入库（按不少于申报金额10%的比例或对数额在10万元以上的缴款书与税务部门、金库核对）。

第八条 对经初审后符合"退税"条件的，"退税申请受理单位"在企业申请"退税"的书面报告"退税申请书"上分别签署意见，连同企业报送的缴款书复印件一并报送省中企处。

第九条 对企业报送的申请"退税"的资料不全、依据不充分、数据不准确或税款尚未入库的，"退税申请受理单位"应将情况通知该企业。

第十条 各"退税申请受理单位"必须及时办理企业"退税"申请。向省中企处报送审查意见或通知企业本办法第九条有关事项的时间,一般应在收到企业"退税"申请的六日内完成。

第十一条 省中企处收到"退税申请受理单位"报送的对企业"退税"申请的核实意见和有关附件后,应进行认真核实,并根据审核结果正式行文对"退税申请受理单位"下达准予退付或不予退付的批复,并将企业申请退税的书面报告和退税申请书第一、二联及缴款书复印件同时退给"退税申请受理单位"。

省中企处对"退税"申请的批复,抄送该企业所在地国库、税务、财政机关各一份。

省中企处对企业"退税"申请作出的批复,从"退税申请受理单位"收到该申请之日算起,不得超过十天(不含"退税申请受理单位"邮件在途时间)。

第十二条 "退税申请受理单位"收到省中企处"退税"的批复文件后,对准予退付的税款,开具"收入退还书"(由省级中企处按《国家金库条例实施细则》所附格式十一印制)。

"收入退还书"按以下要求填写:

1. 收款单位方,"全称栏"填写退付对象的名称;"帐号栏"填写退付对象在开户银行的帐号;"开户银行栏"填写上述开户银行名称。

2. 退款单位方,"机关全称栏"填写财政部、××省财政厅(局);"预算级次栏"的填写视所退税种而定,如所退税款是增值税,则填写中央级75%,省(市、县)级25%(根据当地财政体制确定),如所退税款是消费税,则填写中央级;退款国库栏填写中央国库××分库(

或中央国库××支库,中央国库××中心支库)、××地方国库(与预算级次栏衔接)。

3. "预算科目栏"按规定的科目填写。

4. "金额栏"按省中企处准予退付的金额填写。

5. "退税原因栏"填写退税的文件依据和省中企处批复文件的名称及文号。

第十三条 "退税申请受理单位"开具的"收入退还书",加盖印章后,连同省中企处的批复文件,送当地国库办理税款退付事宜。收到国库办理退付并盖章退回的"收入退还书"后,将缴款书原件加盖"已退付"专用章,连同"退税申请书"第一联退还企业。

第十四条 各省中企处未批准的"退税"申请,由"退税申请受理单位"在接到该批复后及时通知企业,并按省中企处要求办理其他有关事宜。

第十五条 "退税申请受理单位"和当地国库应按月核对"退税"金额,并报告退库情况。

(一)每月终了后二日内,国库将"退付一般增值税"和"退付一般消费税"的金额及"预算级次"通知"退税申请受理单位"。

(二)"退税申请受理单位"将本机构同期记录的"退税"数额与国库的通知数额进行核对(如有问题应签明原因,会同国库进行纠正),并填制"一般消费税、一般增值税退付月报",于月度终了后四日内报送省中企处。

(三)省级中企处对"退税申请受理单位"报送的"一般消费税、一般增值税退付月报"及时进行审查、汇总,编写文字说明后于每月终了后五日内(节假日顺延)报财政部。

第十六条 省中企处和市(地)中央企业财政驻厂员处(组)应设立专门机构,配置专门人员负责"退税"的审查和核批等事宜,代行中央企业财政驻厂员机构"退税"审查职能的市(地)、县(市)财政局应指定专门人员从事此项工作,并将所定人员的名单报委托单位备案。

第十七条 省中企处和"退税申请受理单位"必须设置有关帐册,对企业"退税"申请书及有关资料的受理、审查、呈报或退还,及"退税"申请的批复,"收入退还书"的填制与送达国库,"退税"数额的对帐等各个环节实行严密细致的登记,并建立健全档案管理制度,妥善保管有关帐册、资料。

第十八条 中央企业财政驻厂员机构和有关市(地)县财政部门必须严格执法,对发现的骗取"退税"的行为,由省中企处依照《国务院关于违反财政法规处罚的暂行规定》进行处理,触犯刑律的移交司法机关,并随时向财政部报告。

第十九条 省中企处应加强对"退税"审查核批工作的领导和考核,建立健全岗位责任制,加强对"退税"经办人员的管理和监督,对玩忽职守、徇私舞弊,导致财政收入损失,或办事推诿、敲诈勒索,造成恶劣影响的,随时向财政部报告情况,严加追究当事人及有关领导的责任,触犯刑律的,移交司法部门处理。

第二十条 有关企业对省中企处"退税"工作提出的行政复议申请由财政部受理;对"退税受理单位""退税"工作提出的行政复议申请,由省中企处受理。

第二十一条 省中企处要对"退税"工作及时进行总结,定期以书面形式向部作专题汇报。

国家税务总局关于取消两项消费税审批事项后有关管理问题的公告

国家税务总局公告 2015 年第 39 号

根据《国务院关于取消和调整一批行政审批项目等事项的决定》（国发〔2015〕11 号）规定，现就取消"消费税税款抵扣审核"和"成品油消费税征税范围认定"审批事项后有关管理问题公告如下：

一、纳税人以外购、进口、委托加工收回的应税消费品（以下简称外购应税消费品）为原料连续生产应税消费品，准予按现行政策规定抵扣外购应税消费品已纳消费税税款。

经主管税务机关核实上述外购应税消费品未缴纳消费税的，纳税人应将已抵扣的消费税税款，从核实当月允许抵扣的消费税中冲减。

二、纳税人生产《国家税务总局关于消费税有关政策问题的公告》（国家税务总局公告 2012 年第 47 号）第一条第（二）款符合国家标准、石化行业标准的产品和第二条沥青产品的，在取得省级以上（含）质量技术监督部门出具的相关产品质量检验证明的当月起，不征收消费税。

经主管税务机关核实纳税人在取得产品质量检验证明之前未申报缴纳消费税的，应按规定补缴消费税。

三、本公告自发布之日起施行。《国家税务总局关于进一步加强消费税纳税申报及税款抵扣管理的通知》（国税函〔2006〕769 号）第二条第（二）款、《国家税务总局关于消费税有关政策问题的公告》（国家税务总局公告 2012 年第 47 号）第一条第（二）款及第二条中"且纳税人事先将省级以上（含）质量技术监督部门出具的相关产品质量检验证明报主管税务机关进行备案的"内容同时废止。

  特此公告。

国家税务总局

2015 年 5 月 22 日

国家税务总局关于取消销货退回消费税退税等两项消费税审批事项后有关管理问题的公告

国家税务总局公告 2015 年第 91 号

根据《国务院关于取消和调整一批行政审批项目等事项的决定》（国发〔2014〕50号）规定，现就取消"销货退回的消费税退税审批"和"出口应税消费品办理免税后发生退关或国外退货补缴消费税审批"两项审批事项后有关管理问题公告如下：

一、纳税人销售的应税消费品，因质量等原因发生退货的，其已缴纳的消费税税款可予以退还。

纳税人办理退税手续时，应将开具的红字增值税发票、退税证明等资料报主管税务机关备案。主管税务机关核对无误后办理退税。

二、纳税人直接出口的应税消费品办理免税后，发生退关或者国外退货，复进口时已予以免税的，可暂不办理补税，待其转为国内销售的当月申报缴纳消费税。

三、本公告自发布之日起施行。

特此公告。

国家税务总局
2015 年 12 月 23 日

出口货物劳务增值税和消费税管理办法

国家税务总局关于发布
《出口货物劳务增值税和消费税管理办法》的公告
国家税务总局公告 2012 年第 24 号

为了方便纳税人办理出口货物劳务退（免）税、免税，提高服务质量，进一步规范管理，国家税务总局对出口货物劳务增值税和消费税的管理规定进行了清理、完善，制定了《出口货物劳务增值税和消费税管理办法》。现予发布。

附件：1. 出口退（免）税资格认定申请表
2. 出口退（免）税资格认定变更申请表
3. 出口退（免）税资格认定注销申请表
4. 免抵退税申报汇总表
5. 免抵退税申报汇总表附表
6. 免抵退税申报资料情况表
7. 生产企业出口货物免、抵、退税申报明细表
8. 生产企业出口非自产货物消费税退税申报表
9. 生产企业进料加工登记申报表
10. 生产企业进料加工登记变更申请表
11. 生产企业进料加工进口料件申报明细表
12. 生产企业进料加工出口货物扣除保税进口料件申请表
13. 生产企业进料加工手册登记核销申请表
14. 生产企业出口货物扣除国内免税原材料申请表

15. 外贸企业出口退税汇总申报表
16. 外贸企业出口退税进货明细申报表
17. 外贸企业出口退税出口明细申报表
18. 购进自用货物退税申报表
19. 出口已使用过的设备退税申报表
20. 出口已使用过的设备折旧情况确认表
21. 退（免）税货物、标识对照表
22. 免税出口货物劳务明细表
23. 准予免税购进出口卷烟证明申请表
24. 准予免税购进出口卷烟证明
25. 出口卷烟已免税证明申请表
26. 出口卷烟已免税证明
27. 出口卷烟免税核销申报表
28. 来料加工免税证明申请表
29. 来料加工免税证明
30. 来料加工出口货物免税证明核销申请表
31. 代理出口货物证明
32. 代理出口货物证明申请表
33. 代理进口货物证明申请表
34. 出口货物退运已补税（未退税）证明
35. 退运已补税（未退税）证明申请表
36. 补办出口货物报关单申请表
37. 补办出口收汇核销单证明申请表
38. 出口退税进货分批申报单
39. 出口货物转内销证明申报表
40. 中标证明通知书
41. 中标项目不退税货物清单
42. 关于补办出口退税有关证明的申请

43. 免税卷烟指定出口口岸

44. 废止文件目录

国家税务总局
二〇一二年六月十四日

一、根据《中华人民共和国税收征收管理法》、《中华人民共和国增值税暂行条例》、《中华人民共和国消费税暂行条例》及其实施细则，以及财政部、国家税务总局关于出口货物劳务增值税和消费税政策的规定，制定本办法。

二、出口企业和其他单位办理出口货物、视同出口货物、对外提供加工修理修配劳务（以下统称出口货物劳务）增值税、消费税的退（免）税、免税，适用本办法。

出口企业和出口货物劳务的范围，退（免）税和免税的适用范围和计算办法，按《财政部 国家税务总局关于出口货物增值税和消费税政策的通知》（财税〔2012〕39号）执行。

三、出口退（免）税资格的认定

（一）出口企业应在办理对外贸易经营者备案登记或签订首份委托出口协议之日起30日内，填报《出口退（免）税资格认定申请表》（见附件1），提供下列资料到主管税务机关办理出口退（免）税资格认定。

1. 加盖备案登记专用章的《对外贸易经营者备案登记表》或《中华人民共和国外商投资企业批准证书》；

2. 中华人民共和国海关进出口货物收发货人报关注册登记证书；

3. 银行开户许可证；

4. 未办理备案登记发生委托出口业务的生产企业提供委托代理出口协议，不需提供第1、2项资料；

5. 主管税务机关要求提供的其他资料。

（二）其他单位应在发生出口货物劳务业务之前，填报《出口退（免）税资格认定申请表》，提供银行开户许可证及主管税务机关要求的其他资料，到主管税务机关办理出口退（免）税资格认定。

（三）出口企业和其他单位在出口退（免）税资格认定之前发生的出口货物劳务，在办理出口退（免）税资格认定后，可以在规定的退（免）税申报期内按规定申报增值税退（免）税或免税，以及消费税退（免）税或免税。

（四）出口企业和其他单位出口退（免）税资格认定的内容发生变更的，须自变更之日起30日内，填报《出口退（免）税资格认定变更申请表》（见附件2），提供相关资料向主管税务机关申请变更出口退（免）税资格认定。

（五）需要注销税务登记的出口企业和其他单位，应填报《出口退（免）税资格认定注销申请表》（见附件3），向主管税务机关申请注销出口退（免）税资格，然后再按规定办理税务登记的注销。

出口企业和其他单位在申请注销认定前，应先结清出口退（免）税款。注销认定后，出口企业和其他单位不得再申报办理出口退（免）税。

四、生产企业出口货物免抵退税的申报

（一）申报程序和期限

企业当月出口的货物须在次月的增值税纳税申报期内，向主管税务机关办理增值税纳税申报、免抵退税相关申报及消费税免税申报。

企业应在货物报关出口之日（以出口货物报关单〈出口退税专用〉上的出口日期为准，下同）次月起至次年4月30日前的各增值税纳税申报期内收齐有关凭证，向主管税务机关申报办理出口货物增值税免抵退税及消费税退税。逾期的，企业不得申报免抵退税。

（二）申报资料

1. 企业向主管税务机关办理增值税纳税申报时，除按纳税申报的规定提供有关资料外，还应提供下列资料：

（1）主管税务机关确认的上期《免抵退税申报汇总表》（见附件4）；

（2）主管税务机关要求提供的其他资料。

2. 企业向主管税务机关办理增值税免抵退税申报，应提供下列凭证资料：

（1）《免抵退税申报汇总表》及其附表（见附件5）；

（2）《免抵退税申报资料情况表》（见附件6）；

（3）《生产企业出口货物免抵退税申报明细表》（见附件7）；

（4）出口货物退（免）税正式申报电子数据；

（5）下列原始凭证：

①出口货物报关单（出口退税专用，以下未作特别说明的均为此联）（保税区内的出口企业可提供中华人民共和国海关保税区出境货物备案清单，简称出境货物备案清单，下同）；

②出口收汇核销单（出口退税联，以下未作特别说明的均为此联）（远期结汇的提供远期收汇备案证明，保税区内的出口企业提供结汇水单。跨境贸易人民币结算业务、试行出口退税免予提供纸质出口收汇核销单地区和货物贸易外汇管理制度改革试点地区的企业免予提供，下同）；

③出口发票；

④委托出口的货物，还应提供受托方主管税务机关签发的代理出口货物证明，以及代理出口协议复印件；

⑤主管税务机关要求提供的其他资料。

3. 生产企业出口的视同自产货物以及列名生产企业出口的非

自产货物，属于消费税应税消费品（以下简称应税消费品）的，还应提供下列资料：

（1）《生产企业出口非自产货物消费税退税申报表》（附件8）；

（2）消费税专用缴款书或分割单，海关进口消费税专用缴款书、委托加工收回应税消费品的代扣代收税款凭证原件或复印件。

（三）从事进料加工业务的企业，还须按下列规定办理手册登记、进口料件申报和手册核销：

1. 企业在办理进料加工贸易手（账）册后，应于料件实际进口之日起至次月（采用实耗法扣除的，在料件实际耗用之日起至次月）的增值税纳税申报期内，填报《生产企业进料加工登记申报表》（见附件9），提供正式申报的电子数据及下列资料，向主管税务机关申请办理进料加工登记手续。

（1）采用纸质手册的企业应提供进料加工手册原件及复印件；采用电子化手册的企业应提供海关签章的加工贸易电子化纸质单证；采用电子账册的企业应提供海关核发的《加工贸易联网监管企业电子账册备案证明》。

（2）主管税务机关要求提供的其他资料。

以双委托方式（生产企业进、出口均委托出口企业办理，下同）从事进料加工业务的企业，由委托方凭代理进、出口协议及受托方的上述资料的复印件，到主管税务机关办理进料加工登记手续。

已办理进料加工登记手续的纸质手册、电子化手册或电子账册，如发生加工单位、登记进口料件总额、登记出口货物总额、手册有效期等项目变更的，企业应在变更事项发生之日起至次月的增值税纳税申报期内，填报《生产企业进料加工登记变更申请表》（附件10），提供正式申报电子数据及海关核发的变更后的相关资料向主管税务机关申报办理手（账）册变更手续。

2. 从事进料加工业务的企业应于料件实际进口之日起至次月

(采用实耗法计算的,在料件实际耗用之日起至次月)的增值税纳税申报期内,持进口货物报关单、代理进口货物证明及代理进口协议等资料向主管税务机关申报《生产企业进料加工进口料件申报明细表》(见附件11)、《生产企业进料加工出口货物扣除保税进口料件申请表》(见附件12)。

3. 采用纸质手册或电子化手册的企业,应在海关签发核销结案通知书(以结案日期为准,下同)之日起至次月的增值税纳税申报期内填报《生产企业进料加工手册登记核销申请表》(见附件13),提供正式申报电子数据及纸质手册或电子化手册,向主管税务机关申请办理进料加工的核销手续;采用电子账册的企业,应在海关办结一个周期核销手续后,在海关签发核销结案通知书之日起至次月的增值税纳税申报期内填报《生产企业进料加工手册登记核销申请表》,提供正式申报电子数据,向主管税务机关申请办理进料加工的核销手续。

企业应根据核销后的免税进口料件金额,计算调整当期的增值税纳税申报和免抵退税申报。

(四)购进不计提进项税额的国内免税原材料用于加工出口货物的,企业应单独核算用于加工出口货物的免税原材料,并在免税原材料购进之日起至次月的增值税纳税申报期内,填报《生产企业出口货物扣除国内免税原材料申请表》(见附件14),提供正式申报电子数据,向主管税务机关办理申报手续。

(五)免抵退税申报数据的调整

对前期申报错误的,在当期进行调整。在当期用负数将前期错误申报数据全额冲减,再重新全额申报。

发生本年度退运的,在当期用负数冲减原免抵退税申报数据;发生跨年度退运的,应全额补缴原免抵退税款,并按现行会计制度的有关规定进行相应调整。

本年度已申报免抵退税的,如须实行免税办法或征税办法,在当期用负数冲减原免抵退税申报数据；跨年度已申报免抵退税的，如须实行免税或征税办法，不用负数冲减，应全额补缴原免抵退税款，并按现行会计制度的有关规定进行相应调整。

五、外贸企业出口货物免退税的申报

（一）申报程序和期限

企业当月出口的货物须在次月的增值税纳税申报期内，向主管税务机关办理增值税纳税申报，将适用退（免）税政策的出口货物销售额填报在增值税纳税申报表的"免税货物销售额"栏。

企业应在货物报关出口之日次月起至次年4月30日前的各增值税纳税申报期内，收齐有关凭证，向主管税务机关办理出口货物增值税、消费税免退税申报。经主管税务机关批准的，企业在增值税纳税申报期以外的其他时间也可办理免退税申报。逾期的，企业不得申报免退税。

（二）申报资料

1.《外贸企业出口退税汇总申报表》（见附件15）；

2.《外贸企业出口退税进货明细申报表》（见附件16）；

3.《外贸企业出口退税出口明细申报表》（见附件17）；

4. 出口货物退（免）税正式申报电子数据；

5. 下列原始凭证

（1）出口货物报关单；

（2）增值税专用发票（抵扣联）、出口退税进货分批申报单、海关进口增值税专用缴款书（提供海关进口增值税专用缴款书的，还需同时提供进口货物报关单，下同）；

（3）出口收汇核销单；

（4）委托出口的货物，还应提供受托方主管税务机关签发的代理出口货物证明，以及代理出口协议副本；

（5）属应税消费品的，还应提供消费税专用缴款书或分割单、海关进口消费税专用缴款书（提供海关进口消费税专用缴款书的，

还需同时提供进口货物报关单,下同);

(6) 主管税务机关要求提供的其他资料。

六、出口企业和其他单位出口的视同出口货物及对外提供加工修理修配劳务的退(免)税申报

报关进入特殊区域并销售给特殊区域内单位或境外单位、个人的货物,特殊区域外的生产企业或外贸企业的退(免)税申报分别按本办法第四、五条的规定办理。

其他视同出口货物和对外提供加工修理修配劳务,属于报关出口的,为报关出口之日起,属于非报关出口销售的,为出口发票或普通发票开具之日起,出口企业或其他单位应在次月至次年4月30日前的各增值税纳税申报期内申报退(免)税。逾期的,出口企业或其他单位不得申报退(免)税。申报退(免)税时,生产企业除按本办法第四条,外贸企业和没有生产能力的其他单位除按本办法第五条的规定申报〔不提供出口收汇核销单;非报关出口销售的不提供出口货物报关单和出口发票,属于生产企业销售的提供普通发票〕外,下列货物劳务,出口企业和其他单位还须提供下列对应的补充资料:

(一) 对外援助的出口货物,应提供商务部批准使用援外优惠贷款的批文("援外任务书")复印件或商务部批准使用援外合资合作项目基金的批文("援外任务书")复印件。

(二) 用于对外承包工程项目的出口货物,应提供对外承包工程合同;属于分包的,由承接分包的出口企业或其他单位申请退(免)税,申请退(免)税时除提供对外承包合同外,还须提供分包合同(协议)。

(三) 用于境外投资的出口货物,应提供商务部及其授权单位批准其在境外投资的文件副本。

(四) 向海关报关运入海关监管仓库供海关隔离区内免税店销售的货物,提供的出口货物报关单应加盖有免税品经营企业报关专

用章；上海虹桥、浦东机场海关国际隔离区内的免税店销售的货物，提供的出口货物报关单应加盖免税店报关专用章，并提供海关对免税店销售货物的核销证明。

（五）销售的中标机电产品，应提供下列资料：

1. 招标单位所在地主管税务机关签发的《中标证明通知书》；

2. 由中国招标公司或其他国内招标组织签发的中标证明（正本）；

3. 中标人与中国招标公司或其他招标组织签订的供货合同（协议）；

4. 中标人按照标书规定及供货合同向用户发货的发货单；

5. 中标机电产品用户收货清单；

6. 外国企业中标再分包给国内企业供应的机电产品，还应提供与中标企业签署的分包合同（协议）。

（六）销售给海上石油天然气开采企业的自产的海洋工程结构物，应提供销售合同。

（七）销售给外轮、远洋国轮的货物，应提供列明销售货物名称、数量、销售金额并经外轮、远洋国轮船长签名的出口发票。

（八）生产并销售给国内和国外航空公司国际航班的航空食品，应提供下列资料：

1. 与航空公司签订的配餐合同；

2. 航空公司提供的配餐计划表（须注明航班号、起降城市等内容）；

3. 国际航班乘务长签字的送货清单（须注明航空公司名称、航班号等内容）。

（九）对外提供加工修理修配劳务，应提供下列资料：

1. 修理修配船舶以外其他物品的提供贸易方式为"修理物品"的出口货物报关单；

2. 与境外单位、个人签署的修理修配合同；

3. 维修工作单（对外修理修配飞机业务提供）。

七、出口货物劳务退（免）税其他申报要求

（一）输入特殊区域的水电气，由购买水电气的特殊区域内的生产企业申报退税。企业应在购进货物增值税专用发票的开具之日次月起至次年 4 月 30 日前的各增值税纳税申报期内向主管税务机关申报退税。逾期的，企业不得申报退税。申报退税时，应填报《购进自用货物退税申报表》（见附件 18），提供正式电子申报数据及下列资料：

1. 增值税专用发票（抵扣联）；
2. 支付水、电、气费用的银行结算凭证（加盖银行印章的复印件）。

（二）运入保税区的货物，如果属于出口企业销售给境外单位、个人，境外单位、个人将其存放在保税区内的仓储企业，离境时由仓储企业办理报关手续，海关在其全部离境后，签发进入保税区的出口货物报关单的，保税区外的生产企业和外贸企业申报退（免）税时，除分别提供本办法第四、五条规定的资料外，还须提供仓储企业的出境货物备案清单。确定申报退（免）税期限的出口日期以最后一批出境货物备案清单上的出口日期为准。

（三）出口企业和其他单位出口的在 2008 年 12 月 31 日以前购进的设备、2009 年 1 月 1 日以后购进但按照有关规定不得抵扣进项税额的设备、非增值税纳税人购进的设备，以及营业税改征增值税试点地区的出口企业和其他单位出口在本企业试点以前购进的设备，如果属于未计算抵扣进项税额的已使用过的设备，均实行增值税免退税办法。

出口企业和其他单位应在货物报关出口之日次月起至次年 4 月 30 日前的各增值税纳税申报期内，向主管税务机关单独申报退税。逾期的，出口企业和其他单位不得申报退税。申报退税时应填报《出口已使用过的设备退税申报表》（见附件 19），提供正式申报电子数据及下列资料：

1. 出口货物报关单；

2. 委托出口的货物，还应提供受托方主管税务机关签发的代理出口货物证明，以及代理出口协议；

3. 增值税专用发票（抵扣联）或海关进口增值税专用缴款书；

4. 出口收汇核销单；

5. 《出口已使用过的设备折旧情况确认表》（见附件20）；

6. 主管税务机关要求提供的其他资料。

（四）边境地区一般贸易或边境小额贸易项下以人民币结算的从所在省（自治区）的边境口岸出口到接壤毗邻国家，并采取银行转账人民币结算方式的出口货物，生产企业、外贸企业申报退（免）税时，除分别提供本办法第四、五条规定的资料外，还应提供人民币结算的银行入账单，银行入账单应与外汇管理部门出具的出口收汇核销单相匹配。确有困难不能提供银行入账单的，可提供签注"人民币核销"的出口收汇核销单。

（五）跨境贸易人民币结算方式出口的货物，出口企业申报退（免）税不必提供出口收汇核销单。

（六）出口企业和其他单位申报附件21所列货物的退（免）税，应在申报报表中的明细表"退（免）税业务类型"栏内填写附件21所列货物对应的标识。

八、退（免）税原始凭证的有关规定

（一）增值税专用发票（抵扣联）

出口企业和其他单位购进出口货物劳务取得的增值税专用发票，应按规定办理增值税专用发票的认证手续。进项税额已计算抵扣的增值税专用发票，不得在申报退（免）税时提供。

出口企业和其他单位丢失增值税专用发票的发票联和抵扣联的，经认证相符后，可凭增值税专用发票记账联复印件及销售方所在地主管税务机关出具的丢失增值税专用发票已报税证明单，向主管税务机关申报退（免）税。

出口企业和其他单位丢失增值税专用发票抵扣联的，在增值税专用发票认证相符后，可凭增值税专用发票的发票联复印件向主管出口退税的税务机关申报退（免）税。

（二）出口货物报关单

出口企业应在货物报关出口后及时在"中国电子口岸出口退税子系统"中进行报关单确认操作。及时查询出口货物报关单电子信息，对于无出口货物报关单电子信息的，应及时向中国电子口岸或主管税务机关反映。

受托方将代理出口的货物与其他货物一笔报关出口的，委托方申报退（免）税时可提供出口货物报关单的复印件。

（三）出口收汇核销单

出口企业有下列情形之一的，自发生之日起2年内，申报出口退（免）税时，必须提供出口收汇核销单：

1. 纳税信用等级评定为C级或D级的；

2. 未在规定期限内办理出口退（免）税资格认定的；

3. 财务会计制度不健全、日常申报出口退（免）税时多次出现错误的；

4. 首次申报办理出口退（免）税的；

5. 有偷税、逃避追缴欠税、骗取出口退税、抗税、虚开增值税专用发票或农产品收购发票、接受虚开增值税专用发票（善意取得虚开增值税专用发票除外）等涉税违法行为的；

出口企业不存在上述5种情形的，包括因改制、改组以及合并、分立等原因新设立并重新办理出口退（免）税资格认定且原出口企业不存在上述所列情形，并经省级税务机关批准的，在申报出口退（免）税时，可暂不提供出口收汇核销单。但须在出口退（免）税申报截止之日前，收齐并提供按月依申报明细表顺序装订成册的出口收汇核销单。

（四）有关备案单证

出口企业应在申报出口退（免）税后 15 日内，将所申报退（免）税货物的下列单证，按申报退（免）税的出口货物顺序，填写《出口货物备案单证目录》，注明备案单证存放地点，以备主管税务机关核查。

1. 外贸企业购货合同、生产企业收购非自产货物出口的购货合同，包括一笔购销合同下签订的补充合同等；

2. 出口货物装货单；

3. 出口货物运输单据（包括：海运提单、航空运单、铁路运单、货物承运单据、邮政收据等承运人出具的货物单据，以及出口企业承付运费的国内运输单证）。

若有无法取得上述原始单证情况的，出口企业可用具有相似内容或作用的其他单证进行单证备案。除另有规定外，备案单证由出口企业存放和保管，不得擅自损毁，保存期为 5 年。

视同出口货物及对外提供修理修配劳务不实行备案单证管理。

九、出口企业和其他单位适用免税政策出口货物劳务的申报

（一）特殊区域内的企业出口的特殊区域内的货物、出口企业或其他单位视同出口的适用免税政策的货物劳务，应在出口或销售次月的增值税纳税申报内，向主管税务机关办理增值税、消费税免税申报。

（二）其他的适用免税政策的出口货物劳务，出口企业和其他单位应在货物劳务免税业务发生的次月（按季度进行增值税纳税申报的为次季度），填报《免税出口货物劳务明细表》（见附件 22），提供正式申报电子数据，向主管税务机关办理免税申报手续。出口货物报关单（委托出口的为代理出口货物证明）等资料留存企业备查。

非出口企业委托出口的货物，委托方应在货物劳务免税业务发生的次月（按季度进行增值税纳税申报的为次季度）的增值税纳税

申报期内,凭受托方主管税务机关签发的代理出口货物证明以及代理出口协议副本等资料,向主管税务机关办理增值税、消费税免税申报。

出口企业和其他单位未在规定期限内申报出口退(免)税或申报开具《代理出口货物证明》,以及已申报增值税退(免)税,却未在规定期限内向税务机关补齐增值税退(免)税凭证的,如果在申报退(免)税截止期限前已确定要实行增值税免税政策的,出口企业和其他单位可在确定免税的次月的增值税纳税申报期,按前款规定的手续向主管税务机关申报免税。已经申报免税的,不得再申报出口退(免)税或申报开具代理出口货物证明。

(三)本条第(二)项第三款出口货物若已办理退(免)税的,在申报免税前,外贸企业及没有生产能力的其他单位须补缴已退税款;生产企业按本办法第四条第(五)项规定,调整申报数据或全额补缴原免抵退税款。

(四)相关免税证明及免税核销办理

1. 国家计划内出口的卷烟相关证明及免税核销办理

卷烟出口企业向卷烟生产企业购进卷烟时,应先在免税出口卷烟计划内向主管税务机关申请开具《准予免税购进出口卷烟证明申请表》(见附件23),然后将《准予免税购进出口卷烟证明》(见附件24)转交卷烟生产企业,卷烟生产企业据此向主管税务机关申报办理免税手续。

已准予免税购进的卷烟,卷烟生产企业须以不含消费税、增值税的价格销售给出口企业,并向主管税务机关报送《出口卷烟已免税证明申请表》(见附件25)。卷烟生产企业的主管税务机关核准免税后,出具《出口卷烟已免税证明》(见附件26),并直接寄送卷烟出口企业主管税务机关。

卷烟出口企业(包括购进免税卷烟出口的企业、直接出口自产卷烟的生产企业、委托出口自产卷烟的生产企业)应在卷烟报关出口之日次月起至次年 4 月 30 日前的各增值税纳税申报期内，向主管税务机关办理出口卷烟的免税核销手续。逾期的，出口企业不得申报核销，应按规定缴纳增值税、消费税。申报核销时，应填报《出口卷烟免税核销申报表》（见附件27），提供正式申报电子数据及下列资料：

（1）出口货物报关单；

（2）出口收汇核销单；

（3）出口发票；

（4）出口合同；

（5）《出口卷烟已免税证明》（购进免税卷烟出口的企业提供）；

（6）代理出口货物证明，以及代理出口协议副本（委托出口自产卷烟的生产企业提供）；

（7）主管税务机关要求提供的其他资料。

2. 来料加工委托加工出口的货物免税证明及核销办理

（1）从事来料加工委托加工业务的出口企业，在取得加工企业开具的加工费的普通发票后，应在加工费的普通发票开具之日起至次月的增值税纳税申报期内，填报《来料加工免税证明申请表》（见附件28），提供正式申报电子数据，及下列资料向主管税务机关办理《来料加工免税证明》（见附件29）。

①进口货物报关单原件及复印件；

②加工企业开具的加工费的普通发票原件及复印件；

③主管税务机关要求提供的其他资料。

出口企业应将《来料加工免税证明》转交加工企业，加工企业持此证明向主管税务机关申报办理加工费的增值税、消费税免税手续。

（2）出口企业以"来料加工"贸易方式出口货物并办理海关核销手续后，持海关签发的核销结案通知书、《来料加工出口货物免税证明核销申请表》（见附件30）和下列资料及正式申报电子数据，向主管税务机关办理来料加工出口货物免税核销手续。

①出口货物报关单原件及复印件；

②来料加工免税证明；

③加工企业开具的加工费的普通发票原件及复印件；

④主管税务机关要求提供的其他资料。

十、有关单证证明的办理

（一）代理出口货物证明

委托出口的货物，受托方须自货物报关出口之日起至次年4月15日前，向主管税务机关申请开具《代理出口货物证明》（附件31），并将其及时转交委托方，逾期的，受托方不得申报开具《代理出口货物证明》。申请开具代理出口货物证明时应填报《代理出口货物证明申请表》（见附件32），提供正式申报电子数据及下列资料：

1. 代理出口协议原件及复印件；

2. 出口货物报关单；

3. 委托方税务登记证副本复印件；

4. 主管税务机关要求报送的其他资料。

受托方被停止退（免）税资格的，不得申请开具代理出口货物证明。

（二）代理进口货物证明

委托进口加工贸易料件，受托方应及时向主管税务机关申请开具代理进口货物证明，并及时转交委托方。受托方申请开具代理进口货物证明时，应填报《代理进口货物证明申请表》（见附件33），提供正式申报电子数据及下列资料：

1. 加工贸易手册及复印件；

2. 进口货物报关单（加工贸易专用）；

3. 代理进口协议原件及复印件；

4. 主管税务机关要求报送的其他资料。

(三) 出口货物退运已补税（未退税）证明

出口货物发生退运的，出口企业应先向主管税务机关申请开具《出口货物退运已补税（未退税）证明》（附件34），并携其到海关申请办理出口货物退运手续。委托出口的货物发生退运的，由委托方申请开具出口货物退运已补税（未退税）证明并转交受托方。申请开具《出口货物退运已补税（未退税）证明》时应填报《退运已补税（未退税）证明申请表》（见附件35），提供正式申报电子数据及下列资料：

1. 出口货物报关单（退运发生时已申报退税的，不需提供）；

2. 出口发票（外贸企业不需提供）；

3. 税收通用缴款书原件及复印件（退运发生时未申报退税的、以及生产企业本年度发生退运的、不需提供）；

4. 主管税务机关要求报送的其他资料。

(四) 补办出口报关单证明及补办出口收汇核销单证明

丢失出口货物报关单或出口收汇核销单的，出口企业应向主管税务机关申请开具补办出口报关单证明或补办出口收汇核销单证明。

1. 申请开具补办出口报关单证明的，应填报《补办出口货物报关单申请表》（见附件36），提供正式申报电子数据及下列资料：

(1) 出口货物报关单（其他联次或通过口岸电子执法系统打印的报关单信息页面）；

(2) 主管税务机关要求报送的其他资料。

2. 申请开具补办出口收汇核销单证明的，应填报《补办出口收汇核销单证明申请表》（见附件37），提供正式申报电子数据及下列资料：

(1) 出口货物报关单（出口退税专用或其他联次或通过口岸电子执法系统打印的报关单信息页面）；

（2）主管税务机关要求报送的其他资料。

（五）出口退税进货分批申报单

外贸企业购进货物需分批申报退（免）税的及生产企业购进非自产应税消费品需分批申报消费税退税的，出口企业应凭下列资料填报并向主管税务机关申请出具《出口退税进货分批申报单》（见附件38）：

1. 增值税专用发票（抵扣联）、消费税专用缴款书、已开具过的进货分批申报单；

2. 增值税专用发票清单复印件；

3. 主管税务机关要求提供的其他资料及正式申报电子数据。

（六）出口货物转内销证明

外贸企业发生原记入出口库存账的出口货物转内销或视同内销货物征税的，以及已申报退（免）税的出口货物发生退运并转内销的，外贸企业应于发生内销或视同内销货物的当月向主管税务机关申请开具出口货物转内销证明。申请开具出口货物转内销证明时，应填报《出口货物转内销证明申报表》（见附件39），提供正式申报电子数据及下列资料：

1. 增值税专用发票（抵扣联）、海关进口增值税专用缴款书、进货分批申报单、出口货物退运已补税（未退税）证明原件及复印件；

2. 内销货物发票（记账联）原件及复印件；

3. 主管税务机关要求报送的其他资料。

外贸企业应在取得出口货物转内销证明的下一个增值税纳税申报期内申报纳税时，以此作为进项税额的抵扣凭证使用。

（七）中标证明通知书

利用外国政府贷款或国际金融组织贷款建设的项目，招标机构须在招标完毕并待中标企业签订的供货合同生效后，向其所在地主管税务机关申请办理《中标证明通知书》。招标机构应向主管税务机关报送《中标证明通知书》及中标设备清单表（见附件40），并提供下列资料和信息：

1. 国家评标委员会《评标结果通知》；
2. 中标项目不退税货物清单（见附件41）；
3. 中标企业所在地主管税务机关的名称、地址、邮政编码；
4. 贷款项目中，属于外国企业中标再分包给国内企业供应的机电产品，还应提供招标机构对分包合同出具的验证证明；
5. 贷款项目中属于联合体中标的，还应提供招标机构对联合体协议出具的验证证明；
6. 税务机关要求提供的其他资料。

（八）丢失有关证明的补办

出口企业或其他单位丢失出口退税有关证明的，应向原出具证明的税务机关填报《关于补办出口退税有关证明的申请》（附件42），提供正式申报电子数据。原出具证明的税务机关在核实确曾出具过相关证明后，重新出具有关证明，但需注明"补办"字样。

十一、其他规定

（一）出口货物劳务除输入特殊区域的水电气外，出口企业和其他单位不得开具增值税专用发票。

（二）增值税退税率有调整的，其执行时间：

1. 属于向海关报关出口的货物，以出口货物报关单上注明的出口日期为准；属于非报关出口销售的货物，以出口发票或普通发票的开具时间为准。
2. 保税区内出口企业或其他单位出口的货物以及经保税区出口的货物，以货物离境时海关出具的出境货物备案清单上注明的出口日期为准。

（三）需要认定为可按收购视同自产货物申报免抵退税的集团公司，集团公司总部必须将书面认定申请及成员企业的证明材料报送主管税务机关，并由集团公司总部所在地的地级以上（含本级）

税务机关认定。

集团公司总部及其成员企业不在同一地区的，或不在同一省（自治区、直辖市，计划单列市）的，由集团公司总部所在地的省级国家税务局认定；总部及其成员不在同一个省的，总部所在地的省级国家税务局应将认定文件抄送成员企业所在地的省级国家税务局。

（四）境外单位、个人推迟支付货款或不能支付货款的出口货物劳务，及出口企业以差额结汇方式进行结汇的进料加工出口货物，凡外汇管理部门出具出口收汇核销单的（免予提供纸质出口收汇核销单的试点地区的税务机关收到外汇管理部门传输的收汇核销电子数据），出口企业和其他单位可按现行有关规定申报退（免）税。

（五）属于远期收汇且未超过在外汇管理部门远期收汇备案的预计收汇日期的出口货物劳务，提供远期收汇备案证明申请退（免）税的，出口企业和其他单位应在预计收汇日期起30天内向主管税务机关提供出口收汇核销单（出口退税联）。逾期未提供的，或免予提供纸质出口收汇核销单的试点地区的税务机关收到外汇管理部门传输的收汇核销电子数据的"核销日期"超过预计收汇日期起30天的，主管税务机关不再办理相关出口退（免）税，已办理出口退（免）税的，由税务机关按有关规定追回已退（免）税款。

（六）输入特殊区域的水电气，区内生产企业未在规定期限内申报退（免）税的，进项税额须转入成本。

（七）适用增值税免税政策的出口货物劳务，除特殊区域内的企业出口的特殊区域内的货物、出口企业或其他单位视同出口的货物劳务外，出口企业或其他单位如果未在规定的纳税申报期内按规定申报免税的，应视同内销货物和加工修理修配劳务征免增值税、消费税，属于内销免税的，除按规定补报免税外，还应接受主管税务机关按《中华人民共和国税收征收管理法》做出的处罚；属于内销征税的，应在免税申报期次月的增值税纳税申报期内申报缴纳增值税、消费税。

出口企业或其他单位对本年度的出口货物劳务，剔除已申报增值税退（免）税、免税，已按内销征收增值税、消费税，以及已开具代理出口证明的出口货物劳务后的余额，除内销免税货物按前款规定执行外，须在次年 6 月份的增值税纳税申报期内申报缴纳增值税、消费税。

（八）适用增值税免税政策的出口货物劳务，出口企业或其他单位如果放弃免税，实行按内销货物征税的，应向主管税务机关提出书面报告，一旦放弃免税，36 个月内不得更改。

（九）除经国家税务总局批准销售给免税店的卷烟外，免税出口的卷烟须从指定口岸（见附件43）直接报关出口。

（十）出口企业和其他单位出口财税〔2012〕39 号文件第九条第（二）项第 6 点所列的货物，出口企业和其他单位应按财税〔2012〕39 号文件附件 9 所列原料对应海关税则号在出口货物劳务退税率文库中对应的退税率申报纳税或免税或退（免）税。

出口企业和其他单位如果未按上述规定申报纳税或免税或退（免）税的，一经主管税务机关发现，除执行本项规定外，还应接受主管税务机关按《中华人民共和国税收征收管理法》做出的处罚。

十二、适用增值税征税政策的出口货物劳务，出口企业或其他单位申报缴纳增值税，按内销货物缴纳增值税的统一规定执行。

十三、违章处理

（一）出口企业和其他单位有下列行为之一的，主管税务机关应按照《中华人民共和国税收征收管理法》第六十条规定予以处罚：

1. 未按规定设置、使用和保管有关出口货物退（免）税账簿、凭证、资料的；

2. 未按规定装订、存放和保管备案单证的。

（二）出口企业和其他单位拒绝税务机关检查或拒绝提供有关出口货物退（免）税账簿、凭证、资料的，税务机关应按照《中华人民共和国税收征收管理法》第七十条规定予以处罚。

（三）出口企业提供虚假备案单证的，主管税务机关应按照《中华人民共和国税收征收管理法》第七十条的规定处罚。

（四）从事进料加工业务的生产企业，未按规定期限办理进料加工登记、申报、核销手续的，主管税务机关在按照《中华人民共和国税收征收管理法》第六十二条有关规定进行处理后再办理相关手续。

（五）出口企业和其他单位有违反发票管理规定行为的，主管税务机关应按照《中华人民共和国发票管理办法》有关规定予以处罚。

（六）出口企业和其他单位以假报出口或者其他欺骗手段，骗取国家出口退税款，由主管税务机关追缴其骗取的退税款，并处骗取税款一倍以上五倍以下的罚款；构成犯罪的，依法追究刑事责任。

对骗取国家出口退税款的，由省级以上（含本级）税务机关批准，按下列规定停止其出口退（免）税资格：

1. 骗取国家出口退税款不满 5 万元的，可以停止为其办理出口退税半年以上一年以下。

2. 骗取国家出口退税款 5 万元以上不满 50 万元的，可以停止为其办理出口退税一年以上一年半以下。

3. 骗取国家出口退税款 50 万元以上不满 250 万元，或因骗取出口退税行为受过行政处罚、两年内又骗取国家出口退税款数额在 30 万元以上不满 150 万元的，停止为其办理出口退税一年半以上两年以下。

4. 骗取国家出口退税款 250 万元以上，或因骗取出口退税行为受过行政处罚、两年内又骗取国家出口退税款数额在150万元以上的，停止为其办理出口退税两年以上三年以下。

5. 停止办理出口退税的时间以省级以上（含本级）税务机关批准后作出的《税务行政处罚决定书》的决定之日为起始日。

十四、本办法第四、五、六、七条中关于退（免）税申报期限的规定，第九条第（二）项第三款的出口货物的免税申报期限的规定，以及第十条第（一）项中关于申请开具代理出口货物证明期限的规定，自2011年1月1日起开始执行。2011年的出口货物劳务，退（免）税申报期限、第九条第（二）项第三款的出口货物的免税申报期限、第十条第（一）项申请开具代理出口货物证明的期限、第十一条第（七）项第二款规定的期限延长3个月。

本办法其他规定自2012年7月1日开始执行。起始日期：属于向海关报关出口的货物劳务，以出口货物报关单上注明的出口日期为准；属于非报关出口销售的货物，以出口发票（外销发票）或普通发票的开具时间为准；属于保税区内出口企业或其他单位出口的货物以及经保税区出口的货物，以货物离境时海关出具的出境货物备案清单上注明的出口日期为准。

《废止文件目录》（见附件44）所列文件及条款同时废止。本办法未纳入的出口货物增值税、消费税其他管理规定，仍按原规定执行。

四川省关于实行小规模纳税人按季申报缴纳增值税消费税和文化事业建设费的公告

四川省国家税务局公告
2014 年第 1 号

为进一步减轻纳税人负担,优化纳税服务,提高纳税人满意度,根据《中华人民共和国税收征收管理法》、《中华人民共和国增值税暂行条例》第二十三条、《中华人民共和国消费税暂行条例》第十四条及《关于将铁路运输和邮政业纳入营业税改征增值税试点的通知》(财税〔2013〕106 号)相关规定,现将增值税小规模纳税人(以下简称小规模纳税人)按季申报缴纳增值税、消费税和文化建设事业费的有关事项公告如下:

一、按季申报纳税的小规模纳税人范围

(一)年应征增值税销售额在 50 万元(不含税,下同)以下(含本数)的从事货物生产或者提供应税劳务的纳税人,以及以从事货物生产或者提供应税劳务为主,并兼营货物批发或者零售的纳税人;

(二)年应征增值税销售额在 80 万元以下(含本数)的从事货物生产或者提供应税劳务以外的纳税人;

(三)应税服务年销售额在 500 万元以下(不含本数)的营业税改征增值税纳税人;

(四)以上纳税人暂不包括个体工商户和参照个体工商户实行定期定额管理的小规模纳税人以及向主管国税机关书面确认按月或其他期限申报纳税的小规模纳税人。

二、按季申报纳税期限

(一)自 2014 年 1 月 1 日起,本公告第一条规定的我省范围内小规模纳税人可按季申报缴纳增值税、消费税（以下简称税款），需缴纳文化建设事业费的小规模纳税人其文化事业建设费缴纳期限与增值税相同。

（二）实行按季申报的小规模纳税人所属期2014年1月及以后的税款，在季度终了后15日内申报缴纳，即在3月、6月、9月及12月终了后的15日内申报缴纳。

三、按季申报纳税方法

（一）小规模纳税人增值税、消费税纳税申报表和附报资料以及文化事业建设费申报表按季汇总填写并报送，申报表样式不变，"本期数"填写本季数。

（二）按季申报的小规模纳税人出口货物、劳务、服务适用免税政策的，在向主管税务机关办理增值税申报的同时，办理相应的免税申报手续。

（三）小规模纳税人销售额在季度内达到一般纳税人认定标准的，应主动到主管国税机关办理相关认定手续。小规模纳税人在季度内被认定为一般纳税人的，自一般纳税人资格认定生效之月起，申报纳税期限调整为月，申报纳税期限调整为月前应申报缴纳本季度小规模纳税人期间的应纳税款。

（四）办理注销的小规模纳税人应于办理注销税务登记前按实际经营期限申报缴纳本季度的税款及文化建设事业费。

（五）暂免征收增值税的月销售额在2万元以下（含本数）的小规模纳税人（小微企业）可选择按月或按季申报纳税，选择按季申报纳税的，其季度销售额在6万以下（含本数）的暂免征收增值税。

（六）原采用电子申报的小规模纳税人仍可采用电子申报方式按季申报纳税。

四、为保证小规模纳税人权益，请小规模纳税人在2014年1月到主管国税机关领取《小规模纳税人纳税期限确认书》（见附件),对申报纳税期限予以确认。选择按月或其他期限申报纳税的小规模纳税人应在 2014 年 1 月 27 日前填写《小规模纳税人纳税期限确认书》并报送主管国税机关。

小规模纳税人的申报纳税期限确认后,需再次调整的,由主管国税机关确定。

本公告自 2014 年 1 月 1 日起执行。

特此公告。

四川省国家税务局
2014 年 1 月 20 日

大连市增值税、消费税税收优惠管理办法

(大连市国家税务局公告2012年第1号公布；根据大连市国家税务局公告2014年第6号修改)

第一条 为了规范增值税、消费税优惠政策的管理，全面落实增值税、消费税优惠政策，提高减免税管理的质量和效率，保护纳税人合法权益，根据《中华人民共和国税收征收管理法》及其实施细则、《中华人民共和国增值税暂行条例》及其实施细则、《中华人民共和国消费税暂行条例》及其实施细则、《国家税务总局关于印发〈税收减免管理办法（试行）〉的通知》（国税发〔2005〕129号）以及有关税收法律、法规的规定，制定本办法。

第二条 本办法所称增值税、消费税税收优惠政策（以下简称税收优惠），是指增值税、消费税的减免税、先征后退（即征即退）等税收优惠政策。出口免抵退税政策、增值税起征点政策、海关特定监管区域、场所及海关特定监管货物和劳务等税收优惠政策，不属于本办法所称的税收优惠。

第三条 税收优惠项目分为报批类和备案类（具体明细见附件2）。报批类是指应由税务机关审批的税收优惠项目，具体为享受增值税、消费税先征后退（即征即退）的税收优惠项目；备案类是指取消审批手续的税收优惠项目和不需税务机关审批的税收优惠项目，具体为除增值税、消费税先征后退（即征即退）以外的税收优惠项目。

第四条 纳税人享受报批类增值税、消费税优惠项目，应按本办法规定提出申请，提交相关资料，经按本办法规定具有审批权限的税务机关（以下简称有权税务机关）审批确认后执行。未按规定申请或虽申请但未经有权税务机关审批确认的，纳税人不得享受该

— 51 —

项目的税收优惠。

纳税人享受备案类增值税、消费税优惠项目，应向主管税务机关申请备案，填报《增值税、消费税税收优惠备案表》（见附件1），提交相关资料，符合条件的，经主管税务机关登记备案后，自受理备案的当月起享受该项目的税收优惠。纳税人未按规定备案的，不得享受该项目的税收优惠。

第五条　备案类税收优惠的登记备案是对纳税人提供资料的登记，报批类税收优惠申请审批是对纳税人提供的资料与税收优惠法定条件的相关性进行的审核，均不改变纳税人真实申报责任。

第六条　纳税人申请享受增值税和消费税报批类税收优惠项目的，应当在政策规定的期限内向主管税务机关提出书面申请，并按规定附送有关资料。

第七条　税务机关文书受理岗在收到纳税人的税收优惠申请后，应审查资料是否齐全、规范，复印件与原件是否一致，并根据受理情况分别作出如下处理：

（一）申请的税收优惠项目，不属于受理范围的，应当告知纳税人不予受理。

（二）申请材料不齐全或存在错误的，应当告知并允许纳税人更正。

（三）申请材料齐全、符合法定形式的，或者纳税人按照税务机关的要求提交全部补正材料的，应当受理纳税人的申请。

第八条　税务机关需要对申请材料的内容进行实地核实的，应当指派2名以上工作人员按规定程序进行实地核查，并形成核查情况报告。

第九条　报批类税收优惠申请符合法定条件、标准的，有权税务机关应当在法律、法规规定的期限内作出同意或者不同意享受税收优惠的书面决定。

税收优惠批复未下达前，纳税人应按规定办理申报缴纳税款。

第十条　纳税人在执行备案类税收优惠之前,需到主管税务机关办理备案登记,提交相关备案资料。

第十一条　税务机关文书受理岗在收到纳税人的税收优惠备案登记后,应核实备案资料是否齐全、规范,复印件与原件是否一致,并根据受理情况分别作出如下处理:

(一)申请的税收优惠项目,不属于受理范围的,应当告知纳税人不予受理。

(二)提交的备案资料不齐全或存在错误的,应当告知并允许纳税人更正。

(三)提交的备案资料齐全、符合法定形式的,或者纳税人按照税务机关的要求提交全部补正材料的,应当受理纳税人的备案登记。

第十二条　主管税务机关受理纳税人税收优惠项目备案后应在法律、法规规定的工作日内完成登记备案工作,作出同意登记备案或不同意登记备案的决定,并书面告知纳税人执行。

第十三条　同意登记备案的税收优惠项目,自受理备案登记的当月开始生效。备案登记有效期分无固定期限和有固定期限两种。

无固定期限是指备案生效后,在政策不改变的情况下,不设定备案失效时间。

有固定期限是指备案有明确的有效期。设有固定期限的备案类项目,到期限后,备案自动失效。需要提供资格证明的备案类项目,备案有效期与资格证明的有效期一致。因延长资格证明有效期或重新获取资格证明等情况,纳税人需继续享受备案类优惠项目的,应当在享受优惠期满前按本办法重新办理备案登记。

第十四条　纳税人同时从事税收优惠项目与非优惠项目,或同时从事不同税收优惠项目的,应分别核算税收优惠项目的销售额,未分别核算销售额的,不能享受税收优惠;核算不清的,税务机关可按合理方法核定。

第十五条　享受增值税、消费税税收优惠的纳税人应按《中华人民共和国税收征收管理法》及其实施细则的规定办理纳税申报，并按要求填写有关表格栏目。

第十六条　享受增值税、消费税税收优惠的纳税人按规定应参加资质、资格年审的，必须在年审通过后，方可继续享受相关税收优惠。

第十七条　享受增值税、消费税税收优惠的纳税人，在优惠条件发生变化时，应自发生变化之日起15日内向税务机关报告，不再符合优惠条件的，应当依法履行纳税义务；未依法纳税的，税务机关将予以追缴。

纳税人销售货物或者应税劳务适用增值税免税规定的，可以放弃免税，按照《中华人民共和国增值税暂行条例实施细则》第三十六条及《财政部国家税务总局关于增值税纳税人放弃免税权有关问题的通知》（财税〔2007〕127号）有关规定处理。

第十八条　主管税务机关应根据实际情况对纳税人享受税收优惠情况进行定期或不定期核查，主要内容包括：

（一）纳税人是否符合税收优惠的资格条件，是否以隐瞒有关情况或者提供虚假材料等手段骗取税收优惠。

（二）纳税人享受税收优惠的条件发生变化时，是否按规定向税务机关报告，不再符合法定条件的，是否依法履行纳税义务。

（三）有规定用途的减免税税款，纳税人是否按规定用途使用；有规定减免税期限的，到期后是否依法履行纳税义务。

（四）是否存在纳税人未经税务机关批准或登记备案自行享受税收优惠的情况。

（五）已享受的税收优惠是否已按规定申报并填写有关表格栏目。

第十九条　享受增值税、消费税税收优惠的纳税人如有《国家税务总局关于印发〈税收减免管理办法（试行）〉的通知》（国税发〔2005〕129号）第二十四条、二十五条所列行为的，税务机关应按照《中华人民共和国税收征收管理法》及其实施细则的有关规定进行处罚。

第二十条 主管税务机关根据相关资料和申报情况建立税收优惠管理台帐，加强对相关企业申报评估管理。

第二十一条 本办法自2012年1月1日起执行。

中华人民共和国消费税
暂行条例实施细则

中华人民共和国消费税
暂行条例实施细则

中华人民共和国财政部、国家税务总局令
第 51 号

《中华人民共和国消费税暂行条例实施细则》已经财政部部务会议和国家税务总局局务会议审议通过,现予公布,自 2009 年 1 月 1 日起施行。

中华人民共和国财政部
国家税务总局
二〇〇八年十二月十五日

第一条 根据《中华人民共和国消费税暂行条例》(以下简称条例),制定本细则。

第二条 条例第一条所称单位,是指企业、行政单位、事业单位、军事单位、社会团体及其他单位。

条例第一条所称个人，是指个体工商户及其他个人。

条例第一条所称在中华人民共和国境内，是指生产、委托加工和进口属于应当缴纳消费税的消费品的起运地或者所在地在境内。

第三条 条例所附《消费税税目税率表》中所列应税消费品的具体征税范围，由财政部、国家税务总局确定。

第四条 条例第三条所称纳税人兼营不同税率的应当缴纳消费税的消费品，是指纳税人生产销售两种税率以上的应税消费品。

第五条 条例第四条第一款所称销售，是指有偿转让应税消费品的所有权。

前款所称有偿，是指从购买方取得货币、货物或者其他经济利益。

第六条 条例第四条第一款所称用于连续生产应税消费品，是指纳税人将自产自用的应税消费品作为直接材料生产最终应税消费品，自产自用应税消费品构成最终应税消费品的实体。

条例第四条第一款所称用于其他方面，是指纳税人将自产自用应税消费品用于生产非应税消费品、在建工程、管理部门、非生产机构、提供劳务、馈赠、赞助、集资、广告、样品、职工福利、奖励等方面。

第七条 条例第四条第二款所称委托加工的应税消费品，是指由委托方提供原料和主要材料，受托方只收取加工费和代垫部分辅助材料加工的应税消费品。对于由受托方提供原材料生产的应税消费品，或者受托方先将原材料卖给委托方，然后再接受加工的应税消费品，以及由受托方以委托方名义购进原材料生产的应税消费品，不论在财务上是否作销售处理，都不得作为委托加工应税消费品，而应当按照销售自制应税消费品缴纳消费税。

委托加工的应税消费品直接出售的，不再缴纳消费税。

委托个人加工的应税消费品，由委托方收回后缴纳消费税。

第八条 消费税纳税义务发生时间,根据条例第四条的规定,分列如下:

(一)纳税人销售应税消费品的,按不同的销售结算方式分别为:

1. 采取赊销和分期收款结算方式的,为书面合同约定的收款日期的当天,书面合同没有约定收款日期或者无书面合同的,为发出应税消费品的当天;

2. 采取预收货款结算方式的,为发出应税消费品的当天;

3. 采取托收承付和委托银行收款方式的,为发出应税消费品并办妥托收手续的当天;

4. 采取其他结算方式的,为收讫销售款或者取得索取销售款凭据的当天。

(二)纳税人自产自用应税消费品的,为移送使用的当天。

(三)纳税人委托加工应税消费品的,为纳税人提货的当天。

(四)纳税人进口应税消费品的,为报关进口的当天。

第九条 条例第五条第一款所称销售数量,是指应税消费品的数量。具体为:

(一)销售应税消费品的,为应税消费品的销售数量;

(二)自产自用应税消费品的,为应税消费品的移送使用数量;

(三)委托加工应税消费品的,为纳税人收回的应税消费品数量;

(四)进口应税消费品的,为海关核定的应税消费品进口征税数量。

第十条 实行从量定额办法计算应纳税额的应税消费品,计量单位的换算标准如下:

(一)黄酒 1 吨=962 升

(二)啤酒 1 吨=988 升

(三)汽油 1 吨=1388 升

（四）柴油 1 吨 = 1176 升

（五）航空煤油 1 吨 = 1246 升

（六）石脑油 1 吨 = 1385 升

（七）溶剂油 1 吨 = 1282 升

（八）润滑油 1 吨 = 1126 升

（九）燃料油 1 吨 = 1015 升

第十一条 纳税人销售的应税消费品，以人民币以外的货币结算销售额的，其销售额的人民币折合率可以选择销售额发生的当天或者当月1日的人民币汇率中间价。纳税人应在事先确定采用何种折合率，确定后1年内不得变更。

第十二条 条例第六条所称销售额，不包括应向购货方收取的增值税税款。如果纳税人应税消费品的销售额中未扣除增值税税款或者因不得开具增值税专用发票而发生价款和增值税税款合并收取的，在计算消费税时，应当换算为不含增值税税款的销售额。其换算公式为：

应税消费品的销售额 = 含增值税的销售额 ÷ （1+增值税税率或者征收率）

第十三条 应税消费品连同包装物销售的，无论包装物是否单独计价以及在会计上如何核算，均应并入应税消费品的销售额中缴纳消费税。如果包装物不作价随同产品销售，而是收取押金，此项押金则不应并入应税消费品的销售额中征税。但对因逾期未收回的包装物不再退还的或者已收取的时间超过12个月的押金，应并入应税消费品的销售额，按照应税消费品的适用税率缴纳消费税。

对既作价随同应税消费品销售，又另外收取押金的包装物的押金，凡纳税人在规定的期限内没有退还的，均应并入应税消费品的销售额，按照应税消费品的适用税率缴纳消费税。

第十四条 条例第六条所称价外费用，是指价外向购买方收取的手续费、补贴、基金、集资费、返还利润、奖励费、违约金、滞纳金、延期付款利息、赔偿金、代收款项、代垫款项、包装费、包装物租金、储备费、优质费、运输装卸费以及其他各种性质的价外收费。但下列项目不包括在内：

（一）同时符合以下条件的代垫运输费用：

1. 承运部门的运输费用发票开具给购买方的；

2. 纳税人将该项发票转交给购买方的。

（二）同时符合以下条件代为收取的政府性基金或者行政事业性收费：

1. 由国务院或者财政部批准设立的政府性基金，由国务院或者省级人民政府及其财政、价格主管部门批准设立的行政事业性收费；

2. 收取时开具省级以上财政部门印制的财政票据；

3. 所收款项全额上缴财政。

第十五条 条例第七条第一款所称纳税人自产自用的应税消费品，是指依照条例第四条第一款规定于移送使用时纳税的应税消费品。

条例第七条第一款、第八条第一款所称同类消费品的销售价格，是指纳税人或者代收代缴义务人当月销售的同类消费品的销售价格，如果当月同类消费品各期销售价格高低不同，应按销售数量加权平均计算。但销售的应税消费品有下列情况之一的，不得列入加权平均计算：

（一）销售价格明显偏低并无正当理由的；

（二）无销售价格的。

如果当月无销售或者当月未完结，应按照同类消费品上月或者最近月份的销售价格计算纳税。

第十六条 条例第七条所称成本，是指应税消费品的产品生产成本。

第十七条 条例第七条所称利润，是指根据应税消费品的全国平均成本利润率计算的利润。应税消费品全国平均成本利润率由国家税务总局确定。

第十八条　条例第八条所称材料成本,是指委托方所提供加工材料的实际成本。

委托加工应税消费品的纳税人,必须在委托加工合同上如实注明(或者以其他方式提供)材料成本,凡未提供材料成本的,受托方主管税务机关有权核定其材料成本。

第十九条　条例第八条所称加工费,是指受托方加工应税消费品向委托方所收取的全部费用(包括代垫辅助材料的实际成本)。

第二十条　条例第九条所称关税完税价格,是指海关核定的关税计税价格。

第二十一条　条例第十条所称应税消费品的计税价格的核定权限规定如下:

(一)卷烟、白酒和小汽车的计税价格由国家税务总局核定,送财政部备案;

(二)其他应税消费品的计税价格由省、自治区和直辖市国家税务局核定;

(三)进口的应税消费品的计税价格由海关核定。

第二十二条　出口的应税消费品办理退税后,发生退关,或者国外退货进口时予以免税的,报关出口者必须及时向其机构所在地或者居住地主管税务机关申报补缴已退的消费税税款。

纳税人直接出口的应税消费品办理免税后,发生退关或者国外退货,进口时已予以免税的,经机构所在地或者居住地主管税务机关批准,可暂不办理补税,待其转为国内销售时,再申报补缴消费税。

第二十三条　纳税人销售的应税消费品,如因质量等原因由购买者退回时,经机构所在地或者居住地主管税务机关审核批准后,可退还已缴纳的消费税税款。

第二十四条 纳税人到外县（市）销售或者委托外县（市）代销自产应税消费品的，于应税消费品销售后，向机构所在地或者居住地主管税务机关申报纳税。

纳税人的总机构与分支机构不在同一县（市）的，应当分别向各自机构所在地的主管税务机关申报纳税；经财政部、国家税务总局或者其授权的财政、税务机关批准，可以由总机构汇总向总机构所在地的主管税务机关申报纳税。

委托个人加工的应税消费品，由委托方向其机构所在地或者居住地主管税务机关申报纳税。

进口的应税消费品，由进口人或者其代理人向报关地海关申报纳税。

第二十五条 本细则自2009年1月1日起施行。

附 录

关于调整小汽车进口环节消费税的通知

财关税〔2016〕63号

海关总署：

为了引导合理消费，调节收入分配，促进节能减排，经国务院批准，对小汽车进口环节消费税进行调整。现将有关事项通知如下：

对我国驻外使领馆工作人员、外国驻华机构及人员、非居民常住人员、政府间协议规定等应税（消费税）进口自用，且完税价格130万元及以上的超豪华小汽车消费税，按照生产（进口）环节税率和零售环节税率（10%）加总计算，由海关代征。具体税目见附件。

本通知自2016年12月1日起执行。

附件：小汽车进口环节消费税税目税率表
http://gss.mof.gov.cn/zhengwuxinxi/zhengcefabu/201611/P020161130627010212756.pdf

财政部　国家税务总局
2016年11月30日

国家税务总局关于超豪华小汽车消费税征收管理有关事项的公告

国家税务总局公告
2016年第74号

根据《财政部 国家税务总局关于对超豪华小汽车加征消费税有关事项的通知》（财税〔2016〕129号）规定，自2016年12月1日起，对超豪华小汽车在零售环节加征10%的消费税。现将有关事项公告如下：

一、从事超豪华小汽车零售的消费税纳税人（以下简称"纳税人"），未办理消费税税种登记的，应按主管税务机关的要求及时办理税种登记。

二、2016年12月1日起纳税人销售超豪华小汽车，应按月填报《其他应税消费品消费税纳税申报表》，向主管税务机关申报缴纳消费税。

三、2016年11月30日（含）之前已签订汽车销售合同但未交付实物的超豪华小汽车，纳税人自2016年12月1日（含）起5个工作日内，应持已签订的汽车销售合同原件及复印件到主管税务机关备案。主管税务机关对合同原件和复印件内容核对无误后，复印件留存，原件退回纳税人。

对2016年11月30日（含）之前已签订汽车销售合同但未备案以及未按规定时限备案的，应当缴纳零售环节消费税。

四、备案的汽车销售合同中的"购车人、厂牌型号"等内容，应与纳税人交付实物时开具的《机动车销售统一发票》中的"购买方名称及身份证号码/组织机构代码、厂牌型号"栏目内容对应一致。不一致的，应当缴纳零售环节消费税。

五、本公告自 2016 年 12 月 1 日起施行。《国家税务总局关于高档化妆品消费税征收管理事项的公告》（国家税务总局公告 2016 年第 66 号）附件同时废止。

特此公告。

国家税务总局
2016 年 11 月 30 日

关于对超豪华小汽车加征消费税
有关事项的通知

财税〔2016〕129号

各省、自治区、直辖市、计划单列市财政厅（局）、国家税务局，新疆生产建设兵团财务局：

为了引导合理消费，促进节能减排，经国务院批准，对超豪华小汽车加征消费税。现将有关事项通知如下：

一、"小汽车"税目下增设"超豪华小汽车"子税目。征收范围为每辆零售价格130万元（不含增值税）及以上的乘用车和中轻型商用客车，即乘用车和中轻型商用客车子税目中的超豪华小汽车。对超豪华小汽车，在生产（进口）环节按现行税率征收消费税基础上，在零售环节加征消费税，税率为10%。

二、将超豪华小汽车销售给消费者的单位和个人为超豪华小汽车零售环节纳税人。

三、超豪华小汽车零售环节消费税应纳税额计算公式：

应纳税额=零售环节销售额（不含增值税，下同）×零售环节税率

国内汽车生产企业直接销售给消费者的超豪华小汽车，消费税税率按照生产环节税率和零售环节税率加总计算。消费税应纳税额计算公式：

应纳税额=销售额×（生产环节税率+零售环节税率）

四、上述规定自2016年12月1日起执行。对于11月30日（含）之前已签订汽车销售合同，但未交付实物的超豪华小汽车，自12月1日（含）起5个工作日内，纳税人持已签订的汽车销售合同，向其主管税务机关备案。对按规定备案的不征收零售环节消

费税，未备案以及未按规定期限备案的，征收零售环节消费税。

附：

调整后的小汽车税目税率表

税目	税率 生产（进口）环节	税率 零售环节
小汽车		
1. 乘用车		
（1）气缸容量（排气量，下同）在1.0升（含1.0升）以下的	1%	
（2）气缸容量在1.0升以上至1.5升（含1.5升）的	3%	
（3）气缸容量在1.5升以上至2.0升（含2.0升）的	5%	
（4）气缸容量在2.0升以上至2.5升（含2.5升）的	9%	
（5）气缸容量在2.5升以上至3.0升（含3.0升）的	12%	
（6）气缸容量在3.0升以上至4.0升（含4.0升）的	25%	
（7）气缸容量在4.0升以上的	40%	
2. 中轻型商用客车	5%	
3. 超豪华小汽车	按子税目1和子税目2的规定征收	10%

中华人民共和国财政部

国家税务总局

2016年11月30日

财政部 国家税务总局关于继续提高成品油消费税的通知

财税〔2015〕11号

各省、自治区、直辖市、计划单列市财政厅（局）、国家税务局，新疆生产建设兵团财务局：

为促进环境治理和节能减排，现将提高成品油消费税问题通知如下：

一、将汽油、石脑油、溶剂油和润滑油的消费税单位税额由1.4元/升提高到1.52元/升。

二、将柴油、航空煤油和燃料油的消费税单位税额由1.1元/升提高到1.2元/升。航空煤油继续暂缓征收。

三、本通知自2015年1月13日起执行。

附件下载：

成品油消费税税目税率表.xls

http://szs.mof.gov.cn/zhengwuxinxi/zhengcefabu/201501/P020150112598268327841.xls

成品油进口环节消费税税率表.xls

http://szs.mof.gov.cn/zhengwuxinxi/zhengcefabu/201501/P020150112598268478952.xls

财政部 国家税务总局

2015年1月12日

白酒消费税最低计税价格核定
管理办法（试行）

国家税务总局关于加强白酒消费税征收管理的通知
国税函〔2009〕380号

各省、自治区、直辖市和计划单列市国家税务局：

为落实《国家税务总局关于进一步做好税收征管工作的通知》（国税发〔2009〕16号）文件精神，加强白酒消费税征收管理，现将有关事项通知如下：

一、各地要组织开展白酒消费税政策执行情况检查，及时纠正税率适用错误等政策问题。

二、各地要加强白酒消费税日常管理，确保税款按时入库。加大白酒消费税清欠力度，杜绝新欠发生。

三、加强纳税评估，有效监控生产企业的生产、销售情况，堵塞漏洞，增加收入。

四、为保全税基，对设立销售公司的白酒生产企业，税务总局制定了《白酒消费税最低计税价格核定管理办法（试行）》，对计税价格偏低的白酒核定消费税最低计税价格。

各地要集中力量做好白酒消费税最低计税价格核定工作，确保自2009年8月1日起，执行核定的白酒消费税最低计税价格。

五、各地要加强小酒厂白酒消费税的征管，对账证不全的，采取核定征收方式。

六、各级税务机关要加强领导，加强对本通知提出的白酒消费税征收管理各项工作要求的监督检查，发现问题及时纠正、及时上报。

二〇〇九年七月十七日

第一条 根据《中华人民共和国税收征收管理法》、《中华人民共和国消费税暂行条例》以及相关法律法规制定本办法。

第二条 白酒生产企业销售给销售单位的白酒，生产企业消费税计税价格低于销售单位对外销售价格（不含增值税，下同）70%以下的，税务机关应核定消费税最低计税价格。

第三条 办法第二条销售单位是指，销售公司、购销公司以及委托境内其他单位或个人包销本企业生产白酒的商业机构。销售公司、购销公司是指，专门购进并销售白酒生产企业生产的白酒，并与该白酒生产企业存在关联性质。包销是指，销售单位依据协定价格从白酒生产企业购进白酒，同时承担大部分包装材料等成本费用，并负责销售白酒。

第四条 白酒生产企业应将各种白酒的消费税计税价格和销售单位销售价格，按照本办法附件1的式样及要求，在主管税务机关规定的时限内填报。

第五条 白酒消费税最低计税价格由白酒生产企业自行申报，税务机关核定。

第六条 主管税务机关应将白酒生产企业申报的销售给销售单位的消费税计税价格低于销售单位对外销售价格70%以下、年销售额1000万元以上的各种白酒，按照本办法附件2的式样及要求，在规定的时限内逐级上报至国家税务总局。税务总局选择其中部分白酒核定消费税最低计税价格。

第七条 除税务总局已核定消费税最低计税价格的白酒外，其他符合本办法第二条需要核定消费税最低计税价格的白酒,消费税最低计税价格由各省、自治区、直辖市和计划单列市国家税务局核定。

第八条 白酒消费税最低计税价格核定标准如下:

(一)白酒生产企业销售给销售单位的白酒,生产企业消费税计税价格高于销售单位对外销售价格70%(含70%)以上的,税务机关暂不核定消费税最低计税价格。

(二)白酒生产企业销售给销售单位的白酒,生产企业消费税计税价格低于销售单位对外销售价格70%以下的,消费税最低计税价格由税务机关根据生产规模、白酒品牌、利润水平等情况在销售单位对外销售价格50%至70%范围内自行核定。其中生产规模较大,利润水平较高的企业生产的需要核定消费税最低计税价格的白酒,税务机关核价幅度原则上应选择在销售单位对外销售价格60%至70%范围内。

第九条 已核定最低计税价格的白酒,生产企业实际销售价格高于消费税最低计税价格的,按实际销售价格申报纳税;实际销售价格低于消费税最低计税价格的,按最低计税价格申报纳税。

第十条 已核定最低计税价格的白酒,销售单位对外销售价格持续上涨或下降时间达到3个月以上、累计上涨或下降幅度在20%(含)以上的白酒,税务机关重新核定最低计税价格。

第十一条 白酒生产企业在办理消费税纳税申报时,应附已核定最低计税价格白酒清单。

第十二条 白酒生产企业未按本办法规定上报销售单位销售价格的,主管国家税务局应按照销售单位销售价格征收消费税。

第十三条 本办法自2009年8月1日起执行。

国家税务总局关于白酒消费税最低计税价格核定问题的公告

国家税务总局公告 2015 年第 37 号

现将白酒消费税最低计税价格核定问题公告如下：

纳税人将委托加工收回的白酒销售给销售单位，消费税计税价格低于销售单位对外销售价格（不含增值税）70%以下，属于《中华人民共和国消费税暂行条例》第十条规定的情形，应该按照《国家税务总局关于加强白酒消费税征收管理的通知》（国税函〔2009〕380号）规定的核价办法，核定消费税最低计税价格。

上述销售单位是指《国家税务总局关于加强白酒消费税征收管理的通知》（国税函〔2009〕380号）附件《白酒消费税最低计税价格核定管理办法（试行）》第三条规定的情形。

本公告自 2015 年 6 月 1 日起施行。此前已发生但尚未处理的事项，按照本公告规定执行。

特此公告。

国家税务总局
2015 年 5 月 19 日

葡萄酒消费税管理办法（试行）

国家税务总局关于修订《葡萄酒消费税
管理办法（试行）》的公告
国家税务总局公告 2015 年第 15 号

为贯彻落实《国务院关于取消和调整一批行政审批项目等事项的决定》（国发〔2014〕50 号），国家税务总局修订了《葡萄酒消费税管理办法（试行）》，现予以发布，并就有关税收管理事项公告如下：

一、自 2015 年 5 月 1 日起，《国家税务总局关于印发〈葡萄酒消费税管理办法（试行）〉的通知》（国税发〔2006〕66 号）规定的《葡萄酒购货证明单》停止领用和开具，在此之前纳税人应将未开具的《葡萄酒购货证明单》退回主管税务机关。

2015 年 4 月 30 日（含）前已开具的《葡萄酒购货证明单》，应于 2015 年 7 月 31 日前办理完毕葡萄酒消费税退税相关事宜。

二、纳税人办理税款所属期 2015 年 5 月及以后的酒类应税消费品纳税申报时，启用新的《酒类应税消费品消费税纳税申报表》附 1《本期准予抵减（扣）税额计算表》。

本公告自 2015 年 5 月 1 日起施行。《国家税务总局关于印发〈葡萄酒消费税管理办法（试行）〉的通知》（国税发〔2006〕66 号）、《国家税务总局关于〈葡萄酒购货管理证明单〉编码规则的通知》（国税函〔2006〕620 号）同时废止。《国家税务总局关于调整消费税纳税申报表有关问题的公告》(国家税务总局公告2014年第72号)附件1《酒类应税消费品消费税纳税申报表》附1《本期准予抵减税额计算表》停止使用。

特此公告。

附件：1. 本期准予抵减（扣）税额计算表
　　　2. 葡萄酒消费税抵扣税款台账

国家税务总局
2015年2月28日

第一条 根据《中华人民共和国税收征收管理法》及其实施细则、《中华人民共和国消费税暂行条例》及其实施细则以及其他相关规定，制定本办法。

第二条 在中华人民共和国生产、委托加工、进口葡萄酒的单位和个人，为葡萄酒消费税纳税人。

葡萄酒消费税适用"酒"税目下设的"其他酒"子目。

第三条 葡萄酒是指以葡萄为原料，经破碎（压榨）、发酵而成的酒精度在1度（含）以上的葡萄原酒和成品酒（不含以葡萄为原料的蒸馏酒）。

第四条 纳税人从葡萄酒生产企业购进（以下简称外购）、进口葡萄酒连续生产应税葡萄酒的，准予从葡萄酒消费税应纳税额中扣除所耗用应税葡萄酒已纳消费税税款。如本期消费税应纳税额不足抵扣的，余额留待下期抵扣。

第五条 葡萄酒生产企业之间销售葡萄酒，开具增值税专用发票时，须将应税葡萄酒销售行为单独开具增值税专用发票。

第六条 纳税人以进口、外购葡萄酒连续生产应税葡萄酒，分别依据《海关进口消费税专用缴款书》《增值税专用发票》，按照现行政策规定计算扣除应税葡萄酒已纳消费税税款。

第七条 纳税人应建立《葡萄酒消费税抵扣税款台账》，作为申报扣除外购、进口应税葡萄酒已纳消费税税款的备查资料。纳税人依照本办法附件的式样设置台账，也可根据需要增设台账内容，但对参考式样的内容不得删减。

第八条 本办法自2015年5月1日起施行。

卷烟消费税计税价格信息采集和核定管理办法

中华人民共和国国家税务总局令

第 26 号

《卷烟消费税计税价格信息采集和核定管理办法》已经 2011 年 10 月 10 日国家税务总局第 2 次局务会议审议通过，现予公布，自 2012 年 1 月 1 日起施行。

国家税务总局
二〇一一年十月二十七日

第一条 根据《中华人民共和国税收征收管理法》、《中华人民共和国消费税暂行条例》和《中华人民共和国消费税暂行条例实施细则》的规定，制定本办法。

第二条 卷烟价格信息采集范围为在中华人民共和国境内销售的所有牌号、规格的卷烟。

卷烟消费税最低计税价格（以下简称计税价格）核定范围为卷烟生产企业在生产环节销售的所有牌号、规格的卷烟。

第三条 卷烟价格信息采集的内容包括：卷烟牌号规格、卷烟类别、卷烟条包装商品条码、销售数量、销售价格和销售额及其他相关信息。

第四条 卷烟批发企业所在地主管税务机关负责卷烟价格信息采集和审核工作。

第五条 《卷烟批发企业月份销售明细清单》（以下简称《清单》），为卷烟批发企业申报缴纳消费税（以下简称申报纳税）的附报资料，由卷烟批发企业按月填写，于每月申报纳税时一并向主管税务机关报送。

第六条 《卷烟生产企业年度销售明细表》（以下简称《明细表》），由卷烟生产企业于次年的1月份填写，于填报当月申报纳税时一并向主管税务机关报送。

第七条 《清单》和《明细表》由主管税务机关审核后，于申报期结束后10个工作日内逐级上报至省（自治区、直辖市和计划单列市）国家税务局（以下简称省国家税务局）。省国家税务局应于次月15日前，上报国家税务总局。

第八条 新牌号、新规格卷烟信息，由国家烟草专卖局于批准生产企业新牌号、新规格卷烟执行销售价格的当月，将卷烟牌号规格、类别、卷烟条包装商品条码、调拨价格、批发价格及建议计税价格等信息送国家税务总局。

卷烟生产企业应于新牌号、新规格卷烟实际销售的当月将上述信息报送主管税务机关。

第九条 本办法第三条所称卷烟条包装商品条码按以下标准采集：

（一）标准条（200支/条）包装的卷烟，为条包装卷烟的商品标识代码；

（二）非标准条包装的卷烟，为卷烟实际外包装商品标识代码。

第十条 计税价格由国家税务总局按照卷烟批发环节销售价格扣除卷烟批发环节批发毛利核定并发布。计税价格的核定公式为：

某牌号、规格卷烟计税价格=批发环节销售价格×（1-适用批发毛利率）

第十一条 卷烟批发环节销售价格，按照税务机关采集的所有卷烟批发企业在价格采集期内销售的该牌号、规格卷烟的数量、销售额进行加权平均计算。计算公式为：

第十二条 卷烟批发毛利率具体标准为：

(一) 调拨价格满 146.15 元的一类烟 34%；

(二) 其他一类烟 29%；

(三) 二类烟 25%；

(四) 三类烟 25%；

(五) 四类烟 20%；

(六) 五类烟 15%。

调整后的卷烟批发毛利率，由国家税务总局另行发布。

第十三条 已经核定计税价格的卷烟，发生下列情况，国家税务总局将重新核定计税价格：

(一) 卷烟价格调整的；

(二) 卷烟批发毛利率调整的；

(三) 通过《清单》采集的卷烟批发环节销售价格扣除卷烟批发毛利后，卷烟平均销售价格连续 6 个月高于国家税务总局已核定计税价格 10%，且无正当理由的。

第十四条 计税价格核定时限分别为：

(一) 新牌号、新规格的卷烟，国家税务总局于收到国家烟草专卖局相关信息满 8 个月或信息采集期满 6 个月后的次月核定并发布。

(二) 已经核定计税价格的卷烟：

1. 全行业卷烟价格或毛利率调整的，由国家烟草专卖局向国家税务总局提请重新调整计税价格。国家税务总局于收到申请调整计税价格文件后 1 个月内核定并发布；

2. 个别牌号、规格卷烟价格调整的，由卷烟生产企业向主管税务机关提出重新核定计税价格的申请，主管税务机关逐级上报至国家税务总局。国家税务总局于收到申请调整计税价格文件后 1 个月内核定并发布；

3. 连续 6 个月高于计税价格的，经相关省国家税务局核实后，且无正当理由的，国家税务总局于收到省国家税务局核实文件后 1

个月内核定并发布。

第十五条 未经国家税务总局核定计税价格的新牌号、新规格卷烟，生产企业应按卷烟调拨价格申报纳税。

已经国家税务总局核定计税价格的卷烟，生产企业实际销售价格高于计税价格的，按实际销售价格确定适用税率，计算应纳税款并申报纳税；实际销售价格低于计税价格的，按计税价格确定适用税率，计算应纳税款并申报纳税。

第十六条 对于在6个月内未按规定向国家税务总局报送信息资料的新牌号、新规格卷烟，国家税务总局将按照《清单》采集的实际销售价格适用最低档批发毛利率核定计税价格。

第十七条 卷烟批发企业编制虚假批发环节实际销售价格信息的，由主管税务机关按照《中华人民共和国税收征收管理法》有关规定处理。

第十八条 卷烟生产企业套用其他牌号、规格卷烟已核定计税价格，造成企业少缴消费税税款的，由主管税务机关自新牌号、新规格卷烟投放市场之日起调整卷烟生产企业应纳税收入，追缴少缴消费税税款，并按照《中华人民共和国税收征收管理法》有关规定处理。

第十九条 国家税务总局依据国家烟草专卖局备案信息及《清单》，建立全国统一的卷烟信息库，记录各牌号规格卷烟核价的相关信息。

第二十条 本办法下列用语的含义：

"卷烟牌号规格"，是指经国家烟草专卖局批准生产的卷烟商标牌号规格。

"卷烟类别"，是指国家烟草专卖局划分的卷烟类别，即一类卷烟、二类卷烟、三类卷烟、四类卷烟和五类卷烟。

一类卷烟：是指每标准条（200支，下同）调拨价格满100元的卷烟。

二类卷烟：是指每标准条调拨价格满 70 元不满 100 元的卷烟。

三类卷烟：是指每标准条调拨价格满 30 元不满 70 元的卷烟。

四类卷烟：是指每标准条调拨价格满 16.5 元不满 30 元的卷烟。

五类卷烟：是指每标准条调拨价格不满 16.5 元的卷烟。

"卷烟条包装商品条码"，是指经国家烟草专卖局批准并下发的，符合国家标准规定的 13 位条包装卷烟的商品标识代码和非标准包装（如听、扁盒等）卷烟的外包装商品标识代码。

"新牌号卷烟"，是指在国家工商行政管理总局商标局新注册商标牌号，且未经国家税务总局核定计税价格的卷烟。

"新规格卷烟"，是指 2009 年 5 月 1 日卷烟消费税政策调整后，卷烟名称、产品类型、条与盒包装形式、包装支数等主要信息发生变更时，必须作为新产品重新申请新的卷烟商品条码的卷烟。

"卷烟调拨价格"，是指卷烟生产企业向商业企业销售卷烟的价格，不含增值税。

本办法所称的销售价格、销售额均不含增值税。

第二十一条 本办法自 2012 年 1 月 1 日起施行。2003 年 1 月 23 日国家税务总局公布的《卷烟消费税计税价格信息采集和核定管理办法》（国家税务总局令第 5 号）同时废止。

国家税务总局关于卷烟消费税计税价格核定管理有关问题的公告

国家税务总局公告 2017 年第 32 号

为进一步规范卷烟消费税计税价格（以下简称"计税价格"）核定管理工作，现将有关问题公告如下：

一、对于未按照《卷烟消费税计税价格信息采集和核定管理办法》（国家税务总局令第 26 号公布，以下简称《办法》）规定报送信息资料的新牌号、新规格卷烟，卷烟生产企业消费税纳税人（以下简称"纳税人"）按照税务总局核定的计税价格计算缴纳消费税满 1 年后，可向主管税务机关提出调整计税价格的申请。主管税务机关应于收到申请后 15 日内，将申请调整计税价格文件逐级上报至税务总局。税务总局收到文件后 30 日内，根据当期已采集的该牌号规格卷烟批发环节连续 6 个月的销售价格，调整并发布计税价格。

二、对于因卷烟批发企业申报《卷烟批发企业月份销售明细清单》中销售价格信息错误，造成纳税人对税务总局核定的计税价格有异议的，纳税人可自计税价格执行之日起向主管税务机关提出调整计税价格的申请。主管税务机关收到申请后，应核实纳税人该牌号规格卷烟的生产经营情况，计算该牌号规格卷烟自正式投产以来的加权平均销售价格，对确需调整计税价格的，应于收到申请后 25 日内，将申请调整计税价格文件逐级上报至税务总局。税务总局收到文件后，重新采集该牌号规格卷烟批发环节销售价格，采集期为已核定计税价格执行之日起连续 6 个月，采集期满后调整并发布计税价格。

三、对于纳税人套用其他牌号、规格卷烟计税价格，造成少缴消费税税款的，主管税务机关按照《办法》第十八条规定，调整纳税人应纳税收入时，应按照采集的该牌号、规格卷烟市场零售价格适用最低档批发毛利率确定计税价格，追缴纳税人少缴消费税税款。

四、本公告自 2017 年 10 月 1 日起施行。

特此公告。

国家税务总局
2017 年 8 月 29 日

财政部 国家税务总局关于调整化妆品消费税政策的通知

财税〔2016〕103号

各省、自治区、直辖市、计划单列市财政厅（局）、国家税务局，新疆生产建设兵团财务局：

为了引导合理消费，经国务院批准，现将化妆品消费税政策调整有关事项通知如下：

一、取消对普通美容、修饰类化妆品征收消费税，将"化妆品"税目名称更名为"高档化妆品"。征收范围包括高档美容、修饰类化妆品、高档护肤类化妆品和成套化妆品。税率调整为15%。

高档美容、修饰类化妆品和高档护肤类化妆品是指生产（进口）环节销售（完税）价格（不含增值税）在10元/毫升（克）或15元/片（张）及以上的美容、修饰类化妆品和护肤类化妆品。

二、本通知自2016年10月1日起执行。

财政部 国家税务总局
2016年9月30日

财政部 国家税务总局关于调整化妆品进口环节消费税的通知

财关税〔2016〕48号

海关总署：

为引导合理消费，经国务院批准，对化妆品的消费税政策进行调整，现将有关问题通知如下：

一、调整化妆品进口环节消费税税目税率，具体如下：

（一）将征收范围调整为高档美容修饰类化妆品、高档护肤类化妆品。高档美容修饰类和高档护肤类化妆品界定标准为进口完税价格在10元/毫升（克）或15元/片（张）及以上。调整后的税目见附件。

（二）将进口环节消费税税率由30%下调为15%。

二、本通知自2016年10月1日起执行。

附件：化妆品进口环节消费税税目税率表

财政部 国家税务总局

2016年9月30日

附件：

化妆品进口环节消费税税目税率表

序号	ex	税则号列	商品名称	税率
1	ex	33030000	香水及花露水	15%
2	ex	33041000	唇用化妆品	15%
3	ex	33042000	眼用化妆品	15%

续表

序号	ex	税则号列	商品名称	税率
4	ex	33043000	指（趾）甲化妆品	15%
5	ex	33049100	粉，不论是否压紧	15%
6	ex	33049900	其他美容化妆品	15%

备注：

1. "ex"标识表示非全税目商品。

2. 仅对上表进口完税价格在10元/毫升（克）或15元/片（张）及以上的商品征收消费税。

国务院关税税则委员会关于调整进境
物品进口税部分商品范围的通知

税委会〔2016〕26 号

海关总署：

　　为了引导合理消费，经国务院批准，化妆品消费税政策进行了调整，现将进境物品进口税中化妆品的征税问题明确如下：

　　一、将《中华人民共和国进境物品进口税率表》中税目 3 中"化妆品"的名称调整为"高档化妆品"，征税商品范围与征收消费税的高档化妆品的商品范围一致。

　　二、本通知自 2016 年 10 月 1 日起执行。

国务院关税税则委员会
2016 年 9 月 30 日

国家税务总局关于高档化妆品消费税征收管理事项的公告

国家税务总局公告 2016 年第 66 号

根据《财政部、国家税务总局关于调整化妆品消费税政策的通知》（财税〔2016〕103号），现将高档化妆品消费税征收管理事项公告如下：

一、调整《国家税务总局关于调整消费税纳税申报表有关问题的公告》（国家税务总局公告2014年第72号）附件2《其他应税消费品消费税纳税申报表》填写说明中"化妆品"相关内容，调整后的表式及填写说明见附件。

二、自2016年10月1日起，高档化妆品消费税纳税人（以下简称"纳税人"）以外购、进口和委托加工收回的高档化妆品为原料继续生产高档化妆品，准予从高档化妆品消费税应纳税额中扣除外购、进口和委托加工收回的高档化妆品已纳消费税税款。

三、纳税人外购、进口和委托加工收回已税化妆品用于生产高档化妆品的，其取得2016年10月1日前开具的抵扣凭证，应于2016年11月30日前按原化妆品消费税税率计提待抵扣消费税，逾期不得计提。

四、纳税人应按《国家税务总局关于印发〈调整和完善消费税政策征收管理规定〉的通知》（国税发〔2006〕49号）规定，设立高档化妆品消费税抵扣税款台账。

五、本公告自发布之日起施行。《国家税务总局关于调整消费税纳税申报表有关问题的公告》（国家税务总局公告2014年第72号）附件2同时废止。

特此公告。

附件：其他应税消费品　消费税纳税申报表　〔附件失效〕
修订后的申报表——其他应税消费品消费税纳税申报表

国家税务总局
2016 年 10 月 19 日

附件：

其他应税消费品消费税纳税申报表

税款所属期：　年 月 日至　　年 月 日

纳税人名称（公章）：　　纳税人识别号：□□□□□□□□□□□□□□□

填表日期：　年 月 日　　　　　　　　　金额单位：元（列至角分）

应税消费品名称＼项目	适用税率	销售数量	销售额	应纳税额
合计	—	—	—	

本期准予抵减税额：	声明
	此纳税申报表是根据国家税收法律的规定填报的，我确定它是真实的、可靠的、完整的。
本期减（免）税额：	
期初未缴税额：	经办人（签章）： 财务负责人（签章）： 联系电话：

续表

项目 应税消费品名称	适用税率	销售数量	销售额	应纳税额

本期缴纳前期应纳税额：	（如果你已委托代理人申报，请填写）
本期预缴税额：	授权声明 　　为代理一切税务事宜，现 授 权 ＿＿＿＿＿ （　地　　址　）
本期应补（退）税额：	＿＿＿＿＿＿＿＿＿＿为本纳税人的代理申报人，任何与本申报表有关的往来文件，都可寄予此人。
期末未缴税额：	授权人签章：

以下由税务机关填写

受理人（签章）：　　　受理日期：　　年　月　日　　受理税务机关（章）：

填表说明

一、本表限高档化妆品、贵重首饰及珠宝玉石、鞭炮焰火、摩托车（排量>250毫升）、摩托车（排量＝250毫升）、高尔夫球及球具、高档手表、游艇、木制一次性筷子、实木地板、超豪华小汽车等消费税纳税人使用。

二、本表"税款所属期"是指纳税人申报的消费税应纳税额的所属时间，应填写具体的起止年、月、日。

三、本表"纳税人识别号"栏，填写纳税人的税务登记证号码。

四、本表"纳税人名称"栏，填写纳税人单位名称全称。

五、本表"应税消费品名称"和"适用税率"按照以下内容填写：

— 89 —

高档化妆品：15%；贵重首饰及珠宝玉石：10%；金银首饰（铂金首饰、钻石及钻石饰品）：5%；鞭炮焰火：15%；摩托车（排量>250毫升）：10%；摩托车（排量=250毫升）：3%；高尔夫球及球具：10%；高档手表：20%；游艇：10%；木制一次性筷子：5%；实木地板：5%；超豪华小汽车：10%。

六、本表"销售数量"为《中华人民共和国消费税暂行条例》《中华人民共和国消费税暂行条例实施细则》及其他法规、规章规定的当期应申报缴纳消费税的应税消费品销售（不含出口免税）数量。计量单位是：摩托车为辆；超豪华小汽车为辆；高档手表为只；游艇为艘；实木地板为平方米；木制一次性筷子为万双；高档化妆品、贵重首饰及珠宝玉石（含金银首饰、铂金首饰、钻石及钻石饰品）、鞭炮焰火、高尔夫球及球具按照纳税人实际使用的计量单位填写并在本栏中注明。

七、本表"销售额"为《中华人民共和国消费税暂行条例》《中华人民共和国消费税暂行条例实施细则》及其他法规、规章规定的当期应申报缴纳消费税的应税消费品销售（不含出口免税）收入。

八、根据《中华人民共和国消费税暂行条例》的规定，本表"应纳税额"计算公式如下：

应纳税额=销售额×适用税率

九、本表"本期准予扣除税额"填写按税收法规规定本期外购或委托加工收回应税消费品后连续生产应税消费品准予扣除的消费税应纳税额。其准予扣除的消费税应纳税额情况，需填报本表附1《本期准予扣除税额计算表》予以反映。

"本期准予扣除税额"栏数值与本表附1《本期准予扣除税额计算表》"本期准予扣除税款合计"栏数值一致。

十、本表"本期减（免）税额"不含出口退（免）税额。

十一、本表"期初未缴税额"填写本期期初累计应缴未缴的消费税额，多缴为负数。其数值等于上期申报表"期末未缴税额"。

十二、本表"本期缴纳前期应纳税额"填写本期实际缴纳入库的前期应缴未缴消费税额。

十三、本表"本期预缴税额"填写纳税申报前纳税人已预先缴纳入库的本期消费税额。

十四、本表"本期应补（退）税额"填写纳税人本期应纳税额中应补缴或应退回的数额，计算公式如下，多缴为负数：

本期应补（退）税额＝应纳税额（合计栏金额）-本期准予扣除税额-本期减（免）税额-本期预缴税额

十五、本表"期末未缴税额"填写纳税人本期期末应缴未缴的消费税额，计算公式如下，多缴为负数：

期末未缴税额＝期初未缴税额+本期应补（退）税额-本期缴纳前期应纳税额

十六、本表为A4竖式，所有数字小数点后保留两位。一式二份，一份纳税人留存，一份税务机关留存。

附1

本期准予扣除税额计算表

税款所属期：　　年　月　日至　　年　月　日

纳税人名称（公章）：　　　纳税人识别号：☐☐☐☐☐☐☐☐☐☐☐☐☐☐☐

填表日期：　年　月　日　　　　　　　　　金额单位：元（列至角分）

项目＼应税消费品名称					合计
当期准予扣除的委托加工应税消费品已纳税款计算	期初库存委托加工应税消费品已纳税款				——
	当期收回委托加工应税消费品已纳税款				——
	期末库存委托加工应税消费品已纳税款				——
	当期准予扣除委托加工应税消费品已纳税款				
当期准予扣除的外购应税消费品已纳税款计算	期初库存外购应税消费品买价				——
	当期购进应税消费品买价				——
	期末库存外购应税消费品买价				——
	外购应税消费品适用税率				——
	当期准予扣除外购应税消费品已纳税款				
本期准予扣除税款合计					

填表说明

一、本表作为《其他应税消费品消费税纳税申报表》的附列资料，由外购或委托加工收回应税消费品后连续生产应税消费品的纳税人填报。未发生外购或委托加工收回应税消费品后连续生产应税消费品的纳税人不填报本表。

二、本表"税款所属期""纳税人名称""纳税人识别号"的填写同主表。

三、本表"应税消费品名称"填写高档化妆品、珠宝玉石、鞭炮焰火、摩托车（排量>250毫升）、摩托车（排量=250毫升）、高尔夫球及球具、木制一次性筷子、实木地板。

四、根据《国家税务总局关于用外购和委托加工收回的应税消费品连续生产应税消费品征收消费税问题的通知》（国税发〔1995〕94号）的规定，本表"当期准予扣除的委托加工应税消费品已纳税款"计算公式如下：

当期准予扣除的委托加工应税消费品已纳税款=期初库存委托加工应税消费品已纳税款+当期收回委托加工应税消费品已纳税款-期末库存委托加工应税消费品已纳税款

五、根据《国家税务总局关于用外购和委托加工收回的应税消费品连续生产应税消费品征收消费税问题的通知》（国税发〔1995〕94号）的规定，本表"当期准予扣除的外购应税消费品已纳税款"计算公式如下：

当期准予扣除的外购应税消费品已纳税款=（期初库存外购应税消费品买价+当期购进应税消费品买价-期末库存外购应税消费品买价）×外购应税消费品适用税率

六、本表"本期准予扣除税款合计"为本期外购及委托加工收回应税消费品后连续生产应税消费品准予扣除应税消费品已纳税款的合计数，应与《其他应税消费品消费税纳税申报表》"本期准予扣除税额"栏数值一致。

七、本表为A4竖式，所有数字小数点后保留两位。一式二份，一份纳税人留存，一份税务机关留存。

附2

准予扣除消费税凭证明细表

税款所属期： 年 月 日 至 年 月 日

纳税人名称（公章）： 纳税人识别号：□□□□□□□□□□□□□□□

填表日期： 年 月 日 金额单位：元（列至角分）

应税消费品名称	凭证类别	凭证号码	开票日期	数量	金额	适用税率	消费税税额
合计	——	——	——	——	——	——	——

填表说明

一、本表作为《其他应税消费品消费税纳税申报表》的附列资料，由外购或委托加工收回应税消费品后连续生产应税消费品的纳税人填报。未发生外购或委托加工收回应税消费品后连续生产应税消费品的纳税人不填报本表。

二、本表"税款所属期""纳税人名称""纳税人识别号"的填写同主表。

三、本表"应税消费品名称"填写高档化妆品、珠宝玉石、鞭炮焰火、摩托车（排量>250毫升）、摩托车（排量=250毫升）、高尔夫球及球具、木制一次性筷子、实木地板。

四、本表"凭证类别"填写准予扣除凭证名称，如：增值税专用发票、海关进口消费税专用缴款书、代扣代收税款凭证。

五、本表"凭证号码"填写准予扣除凭证的号码。

六、本表"开票日期"填写准予扣除凭证的开票日期。

七、本表"数量"填写准予扣除凭证载明的应税消费品数量，并在本栏中注明计量单位。

八、本表"金额"填写准予扣除凭证载明的应税消费品金额。

九、本表"适用税率"填写应税消费品的适用税率。

十、本表"消费税税额"填写凭该准予扣除凭证申报抵扣的消费税税额。

十一、本表为A4竖式，所有数字小数点后保留两位。一式二份，一份纳税人留存，一份税务机关留存。

附 3

本期代收代缴税额计算表

税款所属期：　　　年　月　日至　　　年　月　日

纳税人名称（公章）：　　　纳税人识别号：□□□□□□□□□□□□□□□

填表日期：　　年　月　日　　　　　　　　　　金额单位：元（列至角分）

项目＼应税消费品名称				合计
适用税率				——
受托加工数量				——
同类产品销售价格				——
材料成本				——
加工费				——
组成计税价格				——
本期代收代缴税款				

填表说明

一、本表作为《其他应税消费品消费税纳税申报表》的附列资料，由应税消费品受托加工方填报。委托方和未发生受托加工业务的纳税人不填报本表。

二、本表"税款所属期""纳税人名称""纳税人识别号"的填写同主表。

三、本表"应税消费品名称"和"税率"按照以下内容填写：

高档化妆品：15%；贵重首饰及珠宝玉石：10%；金银首饰（铂金首饰、钻石及钻石饰品）：5%；鞭炮焰火：15%；摩托车（排量>250毫升）：10%；摩托车（排量=250毫升）：3%；高尔夫球及球具：10%；高档手表：20%；游艇：10%；木制一次性筷子：5%；实木地板：5%。

四、本表"受托加工数量"的计量单位是：摩托车为辆；高档手表为只；游艇为艘；实木地板为平方米；木制一次性筷子为万双；高档化妆品、贵重首饰及珠宝玉石（含金银首饰、铂金首饰、钻石及钻石饰品）、鞭炮焰火、高尔夫球及球具按照受托方实际使用的计量单位填写并在本栏中注明。

五、本表"同类产品销售价格"为受托方同类产品销售价格。

六、根据《中华人民共和国消费税暂行条例》的规定，本表"组成计税价格"的计算公式如下：

组成计税价格=（材料成本+加工费）÷（1-消费税税率）

七、根据《中华人民共和国消费税暂行条例》的规定，本表"本期代收代缴税款"的计算公式如下：

（一）当受托方有同类产品销售价格时

本期代收代缴税款=同类产品销售价格×受托加工数量×适用税率

（二）当受托方没有同类产品销售价格时

本期代收代缴税款=组成计税价格×适用税率

八、本表为A4竖式，所有数字小数点后保留两位。一式二份，一份纳税人留存，一份税务机关留存。

附4

生产经营情况表

税款所属期： 年 月 日至 年 月 日

纳税人名称（公章）： 纳税人识别号：□□□□□□□□□□□□□□□

填表日期： 年 月 日 金额单位：元（列至角分）

项目＼应税消费品名称				
生产数量				
销售数量				
委托加工收回应税消费品直接销售数量				
委托加工收回应税消费品直接销售额				
出口免税销售数量				
出口免税销售额				

填表说明

一、本表为年报，作为《其他应税消费品消费税纳税申报表》的附列资料，由纳税人于年度终了后填写，次年1月份办理消费税纳税申报时报送。

二、本表"税款所属期""纳税人名称""纳税人识别号""应税消费品名称"和"销售数量"填写要求同主表。

三、本表"生产数量"，填写本期生产的产成品数量，计量单位应与销售数量一致。

四、本表"出口免税销售数量"和"出口免税销售额"为享受出口免税政策的应税消费品销售数量和销售额。

五、本表计量单位：摩托车为辆；高档手表为只；游艇为艘；实木地板为平方米；木制一次性筷子为万双；高档化妆品、贵重首饰及珠宝玉石（含金银首饰、铂金首饰、钻石及钻石饰品）、鞭炮焰火、高尔夫球及球具按照纳税人实际使用的计量单位填写并在本栏中注明。

六、本表为A4竖式。所有数字小数点后保留两位。一式二份，一份纳税人留存，一份税务机关留存。

关于《国家税务总局关于高档化妆品消费税征收管理事项的公告》的解读

(2016年10月26日国家税务总局办公厅解读)

根据《财政部、国家税务总局关于调整化妆品消费税政策的通知》（财税〔2016〕103号）规定，从2016年10月1日起，取消对普通美容、修饰类化妆品征收消费税，将"化妆品"税目名称更名为"高档化妆品"，税率调整为15%。国家税务总局相应对消费税纳税申报表进行了调整，进一步明确高档化妆品消费税抵扣管理事项，制定本《公告》。

一、对《国家税务总局关于调整消费税纳税申报表有关问题的公告》（国家税务总局公告2014年第72号）附件2《其他应税消费品消费税纳税申报表》填写说明中"化妆品"相关内容进行了修改。

二、对高档化妆品消费税抵扣管理事项做了明确规定，内容包括：

一是为保持政策延续性，《公告》明确：自2016年10月1日起，纳税人以外购、进口和委托加工收回的高档化妆品为原料连续生产高档化妆品，准予从高档化妆品消费税应纳税额中扣除外购、进口和委托加工收回的高档化妆品已纳消费税税款；用于连续生产非高档化妆品的，不得抵扣消费税。

二是考虑到纳税人存在2016年10月1日前购进已税化妆品，但在10月1日以后取得增值税专用发票等抵扣凭证的情况，《公告》明确：纳税人外购、进口和委托加工收回已税化妆品用于生产高档化妆品的，其取得2016年10月1日前开具的抵扣凭证，应于2016年11月30日前按原化妆品消费税30%的税率计提待抵扣消费税，逾期不得计提。

三是为加强高档化妆品消费税抵扣管理，《公告》明确：纳税人应严格按照《国家税务总局关于印发〈调整和完善消费税政策征收管理规定〉的通知》（国税发〔2006〕49号）规定，设立高档化妆品消费税抵扣税款台账。

关于对电池涂料征收消费税的通知

财税〔2015〕16号

各省、自治区、直辖市、计划单列市财政厅（局）、国家税务局、新疆生产建设兵团财务局：

为促进节能环保，经国务院批准，自2015年2月1日起对电池、涂料征收消费税。现将有关事项通知如下：

一、将电池、涂料列入消费税征收范围（具体税目注释见附件），在生产、委托加工和进口环节征收，适用税率均为4%。

二、对无汞原电池、金属氢化物镍蓄电池（又称"氢镍蓄电池"或"镍氢蓄电池"）、锂原电池、锂离子蓄电池、太阳能电池、燃料电池和全钒液流电池免征消费税。

2015年12月31日前对铅蓄电池缓征消费税；自2016年1月1日起，对铅蓄电池按4%税率征收消费税。

对施工状态下挥发性有机物（Volatile Organic Compounds，VOC）含量低于420克/升（含）的涂料免征消费税。

三、除上述规定外，电池、涂料消费税征收管理的其他事项依照《中华人民共和国消费税暂行条例》、《中华人民共和国消费税暂行条例实施细则》等相关规定执行。

附件1：电池税目征收范围注释
附件2：涂料税目征收范围注释

财政部　国家税务总局
2015年1月26日

附件1：

电池税目征收范围注释

电池，是一种将化学能、光能等直接转换为电能的装置，一般由电极、电解质、容器、极端，通常还有隔离层组成的基本功能单元，以及用一个或多个基本功能单元装配成的电池组。范围包括：原电池、蓄电池、燃料电池、太阳能电池和其他电池。

一、原电池

原电池又称一次电池，是按不可以充电设计的电池。按照电极所含的活性物质分类，原电池包括锌原电池、锂原电池和其他原电池。

（一）锌原电池。以锌做负极的原电池，包括锌二氧化锰原电池、碱性锌二氧化锰原电池、锌氧原电池（又称"锌空气原电池"）、锌氧化银原电池（又称"锌银原电池"）、锌氧化汞原电池（又称"汞电池"、"氧化汞原电池"）等。

（二）锂原电池。以锂做负极的原电池，包括锂二氧化锰原电池、锂亚硫酰氯原电池、锂二硫化铁原电池、锂二氧化硫原电池、锂氧原电池（又称"锂空气原电池"）、锂氟化碳原电池等。

（三）其他原电池。指锌原电池、锂原电池以外的原电池。

原电池又可分为无汞原电池和含汞原电池。汞含量低于电池重量的0.0001%（扣式电池按0.0005%）的原电池为无汞原电池；其他原电池为含汞原电池。

二、蓄电池

蓄电池又称二次电池，是按可充电、重复使用设计的电池；包括酸性蓄电池、碱性或其他非酸性蓄电池、氧化还原液流蓄电池和其他蓄电池。

（一）酸性蓄电池。一种含酸性电解质的蓄电池，包括铅蓄电池（又称"铅酸蓄电池"）等。

铅蓄电池，指含以稀硫酸为主电解质、二氧化铅正极和铅负极的蓄电池。

（二）碱性或其他非酸性蓄电池。一种含碱性或其他非酸性电解质的蓄电池，包括金属锂蓄电池、锂离子蓄电池、金属氢化物镍蓄电池（又称"氢镍蓄电池"或"镍氢蓄电池"）、镉镍蓄电池、铁镍蓄电池、锌氧化银蓄电池（又称"锌银蓄电池"）、碱性锌二氧化锰蓄电池（又称"可充碱性锌二氧化锰电池"）、锌氧蓄电池（又称"锌空气蓄电池"）、锂氧蓄电池（又称"锂空气蓄电池"）等。

（三）氧化还原液流电池。一种通过正负极电解液中不同价态离子的电化学反应来实现电能和化学能互相转化的储能装置，目前主要包括全钒液流电池。全钒液流电池是通过正负极电解液中不同价态钒离子的电化学反应来实现电能和化学能互相转化的储能装置。

（四）其他蓄电池。除上述（一）、（二）、（三）外的蓄电池。

三、燃料电池

燃料电池，指通过一个电化学过程，将连续供应的反应物和氧化剂的化学能直接转换为电能的电化学发电装置。

四、太阳能电池

太阳能电池，是将太阳光能转换成电能的装置，包括晶体硅太阳能电池、薄膜太阳能电池、化合物半导体太阳能电池等，但不包括用于太阳能发电储能用的蓄电池。

五、其他电池

除原电池、蓄电池、燃料电池、太阳能电池以外的电池。

附件2：

涂料税目征收范围注释

涂料是指涂于物体表面能形成具有保护、装饰或特殊性能的固态涂膜的一类液体或固体材料之总称。

涂料由主要成膜物质、次要成膜物质等构成。按主要成膜物质涂料可分为油脂类、天然树脂类、酚醛树脂类、沥青类、醇酸树脂类、氨基树脂类、硝基类、过滤乙烯树脂类、烯类树脂类、丙烯酸酯类树脂类、聚酯树脂类、环氧树脂类、聚氨酯树脂类、元素有机类、橡胶类、纤维素类、其他成膜物类等。

国家税务总局关于明确电池涂料消费税征收管理有关事项的公告

国家税务总局公告 2015 年第 95 号

现将电池、涂料消费税征收管理有关事项公告如下：

一、根据《财政部 国家税务总局关于对电池 涂料征收消费税的通知》（财税〔2015〕16 号，以下简称《通知》）规定，铅蓄电池自 2016 年 1 月 1 日起按 4% 税率征收消费税。

二、生产、委托加工电池的纳税人办理税款所属期 2016 年 1 月及以后的电池消费税纳税申报，使用调整后的《电池消费税纳税申报表》（见附件）。

三、根据《中华人民共和国消费税暂行条例实施细则》第十七条的规定和我国电池、涂料行业生产经营的实际情况，电池、涂料全国平均成本利润率为：

（一）电池 4%；

（二）涂料 7%。

四、外购电池、涂料大包装改成小包装或者外购电池、涂料不经加工只贴商标的行为，视同应税消费税品的生产行为。发生上述生产行为的单位和个人应按规定申报缴纳消费税。

五、《国家税务总局关于电池 涂料消费税征收管理有关问题的公告》（国家税务总局公告 2015 年第 5 号）第四条所称"省级以上质量技术监督部门认定的检测机构"是指具有国家认证认可监督管理委员会或省级质量技术监督部门依法颁发、现行有效的《资质认定计量认证证书》（使用 CMA 徽标），且《资质认定计量认证证书》附表中具备相应电池、涂料检测项目的检测机构。

六、纳税人生产、委托加工《通知》第二条规定的电池、涂料，可按类别提供检测报告，但纳税人在提供检测报告时应一并报送该类产品明细清单，且明细清单的货物名称、规格、型号应与会计核算、销售发票内容相一致。

七、本公告自 2016 年 1 月 1 日起施行。《国家税务总局关于电池 涂料消费税征收管理有关问题的公告》（国家税务总局公告 2015 年第 5 号）附件 2 同时废止。

特此公告。

附件：电池消费税纳税申报表
http：//www.chinatax.gov.cn/n810341/n810755/c1979817/part/1979833.doc

国家税务总局
2015 年 12 月 29 日

关于《国家税务总局关于明确电池 涂料消费税征收管理有关事项的公告》的解读

(2016 年 01 月 07 日国家税务总局办公厅解读)

一、公告出台的背景

为贯彻落实《财政部国家税务总局关于对电池涂料征收消费税的通知》(财税〔2015〕16 号)第二条规定,同时为有效解决现行电池、涂料消费税政策执行中存在的主要问题,税务总局制定发布了本公告。

二、公告的主要内容

一是公告明确了铅蓄电池自 2016 年 1 月 1 日起按 4%税率征收消费税。

二是为明确铅蓄电池征收消费税后有关纳税申报事宜,公告规定自 2016 年 1 月(税款所属期)启用新修订的《电池消费税纳税申报表》。

三是根据《中华人民共和国消费税暂行条例实施细则》第十七条的规定,公告明确了电池、涂料全国平均成本利润率分别为 4%和 7%。

四是为加强电池、涂料消费税管理,公告明确电池、涂料大包装改小包装、外购电池、涂料贴标等行为视为应税消费税品的生产加工行为,发生此行为的纳税人应当申报缴纳消费税。

五是为统一电池、涂料消费税政策执行口径,公告明确电池、涂料的"省级以上质量技术监督部门认定的检测机构"是指具有国家认证认可监督委员会或省级质量技术监督部门依法颁发、现行有效的《资质认定计量认证证书》(使用 CMA 徽标),且《资质认定计量认证证书》附表中具备相应电池、涂料检测项目的检测机构。

六是为减轻纳税人的负担，公告明确享受免税政策的电池、涂料产品，可按类别提供检测报告，但要求纳税人在提供检测报告时应一并报送该类产品明细清单，并且明细清单的货物名称、规格、型号应与会计核算、销售发票内容相符。

七是公告规定了执行时间为2016年1月1日。

汽油、柴油消费税管理办法（试行）

国家税务总局关于印发《汽油、柴油消费税管理办法（试行）》的通知
国税发〔2005〕133号

各省、自治区、直辖市和计划单列市国家税务局，扬州税务进修学院：

为了加强汽油、柴油消费税管理，提高征管质量和效率，实现消费税重点税源专人现场集中管理的目标，总局制定了《汽油、柴油消费税管理办法（试行）》，现印发给你们，请结合实际情况认真贯彻执行。对在试行过程中遇到的情况和问题，请及时报告总局。

国家税务总局
二〇〇五年八月二十五日

第一条 根据《中华人民共和国税收征收管理法》、《中华人民共和国税收征收管理法实施细则》（以下简称征管法及其实施细则）、《中华人民共和国消费税暂行条例》、《中华人民共和国消费税暂行条例实施细则》（以下简称条例及其实施细则）制定本办法。

第二条 在中华人民共和国境内生产、委托加工、进口汽油、柴油的单位和个人，均为汽油、柴油消费税纳税人（以下简称纳税人）。无铅汽油适用税率每升0.2元，含铅汽油（铅含量每升超过0.013克）适用税率每升0.28元，柴油适用税率每升0.1元。

第三条 汽油是指由天然或人造原油经蒸馏所得的直馏汽油组

分，二次加工汽油组分及其他高辛烷值组分按比例调合而成的或用其他原料、工艺生产的辛烷值不小于 66 的各种汽油和以汽油组分为主，辛烷值大于 50 的经调合可用作汽油发动机燃料的非标油。

第四条 柴油是指由天然或人造原油经常减压蒸馏在一定温度下切割的馏分，或用于二次加工柴油组分调合而成的倾点在 -50 号至 30 号的各种柴油和以柴油组分为主、经调和精制可用作柴油发动机的非标油。

第五条 纳税人应按照征管法及其实施细则的有关规定办理税务登记，纳税人除依照有关规定提供相关资料外，还必须提供下列资料：

（一）生产企业基本情况表（以下简称基本情况表）；

（二）生产装置及工艺路线的简要说明；

（三）企业生产的所有油品名称、产品标准及用途；

（四）税务机关要求报送的其他资料。

第六条 已经办理税务登记的纳税人，其原油加工能力、生产装置、储油设施、油品名称、产品标准及用途发生变化的，应自发生变化之日起 30 日内向主管税务机关报告。

第七条 主管税务机关应在纳税人办理税务登记后或接到本办法第第六条规定的报告后，及时到纳税人所在地实地查验、核实。

第八条 纳税人应按照条例及其实施细则的规定办理消费税纳税申报。纳税人在办理消费税纳税申报时应填写《消费税纳税申报表》及附表并提供下列资料：

（一）生产企业生产经营情况表（油品）（以下简称经营表）；

（二）生产企业产品销售明细表（油品）（以下简称销售表）；

（三）主管部门下达的月度生产计划；

（四）企业根据生产计划制定的月份排产计划；

（五）税务机关要求报送的其他资料。

第九条 主管税务机关应对纳税人实行专责管理。

第十条 主管税务机关应定期委派管理员到生产企业所在地了解纳税人的生产经营情况及与纳税有关的情况。向纳税人宣传贯彻税收法律、法规和各项税收政策，开展纳税服务，为纳税人提供税法咨询和办税辅导，督促纳税人正确履行纳税义务、建立健全财务会计制度、加强帐簿凭证管理。

第十一条 主管税务机关应当掌握纳税人生产经营、财务核算的基本情况。掌握纳税人原油、原料油品输入、输出管道、炼化装置、燃料油品运输口岸（管道运输、火车运输、船舶运输、罐车运输）等储运部门的具体位置，燃料油品流量计（表、检尺）的安装位置。了解产品重量单位的计算方法（在一定温度下重量=体积×密度），统计部门燃料油品产量计算方式、商品量的调整依据。

第十二条 主管税务机关应定期将依据纳税人储运部门的油品收发台帐统计的油品发出量与流量表的流量总计或通过检尺检测后计算的流量总计进行核对。

第十三条 主管税务机关应对纳税人油品销售对象进行监控。定期将纳税人统计的油品发出量与销售对象（如石油公司等）的流量计记录情况进行核对。

第十四条 主管税务机关应定期对纳税人开展纳税评估。综合运用纳税人申报资料及第三方信息资料（如原油加工损失等）和本办法附件四评估指标定义及比对方法，对纳税人纳税申报的真实性、准确性做出初步判断，根据评估分析发现的问题，约谈纳税人。

第十五条 汽油、柴油消费税纳税评估指标包括：原油及原料油加工量、原油库存能力、汽油库存能力、柴油库存能力、综合商品率、轻油收率、汽油收率、柴油收率、柴油、汽油产出比、税务机关计算的汽油销售数量、税务机关计算的柴油销售数量。

第十六条 主管税务机关应对纳税人开具的除汽油、柴油以外的所有油品销售发票（增值税专用发票、有效凭证）按照销售对象进行清分,将有疑点的发票信息及时传递给销售对象所在地主管税务机关,由销售对象所在地主管税务机关进行协查。

第十七条 销售对象所在地主管税务机关应对本环节购进货物用途、再销售对象进行核查,于收到核查信息后15日内将核查结论反馈给生产企业所在地主管税务机关。

对于本环节仍有疑点的发票,销售对象所在地主管税务机关应继续向下一环节购货方所在地主管税务机关发出协查信息。

第十八条 主管税务机关应加强对纳税人以化工原料名义销售的可用于调和为汽油、柴油的石脑油、溶剂油计划及调整计划(以下简称计划)的管理。计划每年由中国石油天然气集团(股份)公司、中国石油化工集团(股份)公司提出,经国家税务总局核准后下发给各省、自治区、直辖市、计划单列市国家税务局。

第十九条 以化工原料名义销售的可用于调和为汽油、柴油的石脑油、溶剂油的生产企业(以下简称供应单位)所在地主管税务机关应对计划执行情况进行监督,于次年1月31日前将计划执行情况逐级上报至国家税务总局。

第二十条 使用计划内可用于调和汽油、柴油的石脑油、溶剂油单位(以下简称使用单位)所在地的主管税务机关应对使用单位计划使用情况进行监督。对使用单位销售的汽油、柴油征收消费税。

第二十一条 主管税务机关应根据税收管理的需要,对纳税人销售、自用、受托加工的除汽油、柴油以外的油品进行取样备检,可以要求纳税人于销售货物前提供备检样品。

第二十二条 本办法实施前已经办理税务登记的纳税人,无需重新办理税务登记。但必须在本办法实施后的第一个征期内向主管税务机关提供本办法第五条规定需要提供的证件资料。

第二十三条 本办法自2005年9月1日起实施。

用于生产乙烯、芳烃类化工产品的石脑油、燃料油退（免）消费税暂行办法

国家税务总局关于发布《用于生产乙烯、芳烃类化工产品的石脑油、燃料油退（免）消费税暂行办法》的公告
国家税务总局公告 2012 年第 36 号

根据《财政部　中国人民银行　国家税务总局关于延续执行部分石脑油、燃料油消费税政策的通知》（财税〔2011〕87 号）的规定，现将国家税务总局制定的《用于生产乙烯、芳烃类化工产品的石脑油、燃料油退（免）消费税暂行办法》（以下简称暂行办法）予以发布，自 2011 年 10 月 1 日起施行。同时对有关问题明确如下：

一、石脑油、燃料油生产企业（以下简称生产企业）在 2011 年 1 月 1 日至 9 月 30 日期间（以增值税专用发票开具日期为准，下同）销售给乙烯、芳烃类产品生产企业（以下简称使用企业）的石脑油、燃料油，仍按《国家税务总局关于印发〈石脑油消费税免税管理办法〉的通知》（国税发〔2008〕45 号）执行。补办《石脑油使用管理证明单》（以下简称证明单）的工作应于 2012 年 8 月 31 日前完成。

生产企业取得《证明单》并已缴纳消费税的，税务机关予以退还消费税或准予抵减下期消费税；未缴纳消费税并未取得《证明单》的，生产企业应补缴消费税。

使用企业在 2011 年 1 月 1 日至 9 月 30 日期间购入的国产石脑油、燃料油不得申请退税。

二、2012 年 8 月 31 日前，主管税务机关应将资格

备案的石脑油、燃料油退（免）消费税的使用企业名称和纳税人识别号逐级上报国家税务总局（货物和劳务税司）。

三、在石脑油、燃料油汉字防伪版专用发票开票系统推行之前，《暂行办法》第十七条中有关开具"DDZG"汉字防伪版专用发票的规定和开具普通版增值税专用发票先征税后核实再抵顶之规定暂不执行。生产企业执行定点直供计划销售石脑油、燃料油，并开具普通版增值税专用发票的，免征消费税。

四、生产企业应于2012年8月15日前将2011年10月1日至2012年7月31日期间销售石脑油、燃料油开具的增值税专用发票填报《过渡期生产企业销售石脑油、燃料油缴纳消费税明细表》报送主管税务机关。主管税务机关审核后于2012年8月31日前逐级上报国家税务总局。

五、使用企业主管税务机关应根据国家税务总局下发的《过渡期生产企业销售石脑油、燃料油缴纳消费税明细表》与企业报送的《使用企业外购石脑油、燃料油凭证明细表》信息进行比对，比对相符的按《暂行办法》第十五条规定办理退税。比对不符的应进行核查，核查相符后方可办理退税。

六、主管税务机关应认真核实使用企业2011年9月30日和2012年7月31日的石脑油、燃料油库存情况。使用企业申请2011年10月至2012年7月期间消费税退税时，应将2011年9月30日采购国产石脑油、燃料油的库存数量填报《石脑油、燃料油生产、外购、耗用、库存月度统计表》"二、外购数量统计"项"期初库存数量"的"免税油品"栏内。

各地对执行中遇到的情况和问题，请及时报告税务总局（货物和劳务税司）。

特此公告。

国家税务总局
二〇一二年七月十二日

第一条 根据《中华人民共和国税收征收管理法》及其实施细则、《中华人民共和国消费税暂行条例》及其实施细则、《国家税务总局关于印发〈税收减免管理办法〉（试行）的通知》（国税发〔2005〕129号）、《财政部 中国人民银行 国家税务总局关于延续执行部分石脑油、燃料油消费税政策的通知》（财税〔2011〕87号）以及相关规定，制定本办法。

第二条 本办法所称石脑油、燃料油消费税适用《中华人民共和国消费税暂行条例》之《消费税税目税率（税额）表》中"成品油"税目项下"石脑油"、"燃料油"子目。

第三条 境内使用石脑油、燃料油生产乙烯、芳烃类化工产品的企业，包括将自产石脑油、燃料油用于连续生产乙烯、芳烃类化工产品的企业（以下简称使用企业），符合财税〔2011〕87号文件退（免）消费税规定且需要申请退（免）消费税的，须按本办法规定向当地主管国家税务局（以下简称主管税务机关）办理退（免）消费税资格备案（以下简称资格备案）。未经资格备案的使用企业，不得申请退（免）消费税。

第四条 境内生产石脑油、燃料油的企业（以下简称生产企业）对外销售（包括对外销售用于生产乙烯、芳烃类化工产品的石脑油、燃料油）或用于其他方面的石脑油、燃料油征收消费税。但下列情形免征消费税：

（一）生产企业将自产的石脑油、燃料油用于本企业连续生产乙烯、芳烃类化工产品的；

（二）生产企业按照国家税务总局下发石脑油、燃料油定点直供计划（以下简称：定点直供计划）销售自产石脑油、燃料油的。

第五条　使用企业将外购的含税石脑油、燃料油用于生产乙烯、芳烃类化工产品，且生产的乙烯、芳烃类化工产品产量占本企业用石脑油、燃料油生产全部产品总量的50%以上（含）的，按实际耗用量计算退还所含消费税。

第六条　符合下列条件的使用企业可以提请资格备案：

（一）营业执照登记的经营范围包含生产乙烯、芳烃类化工产品；

（二）持有省级以上安全生产监督管理部门颁发的相关产品《危险化学品安全生产许可证》；

（三）拥有生产乙烯、芳烃类化工产品的生产装置或设备，包括裂解装置、连续重整装置、芳烃抽提装置、PX装置等；

（四）用石脑油、燃料油生产乙烯、芳烃类化工产品的产量占本企业用石脑油、燃料油生产全部产品总量的50%以上（含）；

（五）承诺接受税务机关对产品的抽检；

（六）国家税务总局规定的其他情形。

第七条　使用企业提请资格备案，应向主管税务机关申报《石脑油、燃料油消费税退（免）税资格备案表》（附件1），并提供下列资料：

（一）石脑油、燃料油用于生产乙烯、芳烃类化工产品的工艺设计方案、装置工艺流程以及相关生产设备情况；

（二）石脑油、燃料油用于生产乙烯、芳烃类化工产品的物料平衡图，要求标注每套生产装置的投入产出比例及年处理能力；

（三）原料储罐、产成品储罐和产成品仓库的分布图、用途、储存容量的相关资料；

（四）乙烯、芳烃类化工产品生产装置的全部流量计的安装位置图和计量方法说明，以及原材料密度的测量和计算方法说明；

（五）上一年度用石脑油、燃料油生产乙烯、芳烃类化工产品的分品种的销售明细表；

（六）本办法第六条所列相关部门批件（证书）的原件及复印件；

（七）税务机关要求的其他相关资料。

第八条 本办法颁布后的新办企业，符合本办法第六条第一、二、三、五、六项的要求，且能够提供本办法第七条第一、二、三、四、六、七项所列资料的，可申请资格备案。

第九条 使用单位申报的备案资料被税务机关受理，即取得退（免）消费税资格。主管税务机关有权对备案资料的真实性进行检查。

第十条 《石脑油、燃料油消费税退（免）税资格备案表》所列以下备案事项发生变化的，使用企业应于30日内向主管税务机关办理备案事项变更：

（一）单位名称（不包括变更纳税人识别号）；

（二）产品类型；

（三）原材料类型；

（四）生产装置、流量计数量；

（五）石脑油、燃料油库容；

（六）附列资料目录所含的资质证件。

第十一条 主管税务机关每月底将资格备案信息（包括已备案、变更和注销）上报地市国家税务局，由地市国家税务局汇总上报省国家税务局备案。省国家税务局次月底前汇总报国家税务总局（货物和劳务税司）备案。

第十二条 退还用于生产乙烯、芳烃类化工产品的石脑油、燃料油消费税工作，由使用企业所在地主管税务机关负责。

第十三条 资格备案的使用企业每月应向主管税务机关填报

《石脑油、燃料油生产、外购、耗用、库存月度统计表》（附件 2）、《乙烯、芳烃生产装置投入产出流量计统计表》（附件 3）和《使用企业外购石脑油、燃料油凭证明细表》（附件 4）。申请退税的使用企业，在纳税申报期结束后，应向主管税务机关填报《用于生产乙烯、芳烃类化工产品的石脑油、燃料油消费税退税申请表》（附件 5）。

第十四条 退还使用企业石脑油、燃料油所含消费税计算公式为：

应退还消费税税额＝实际耗用石脑油或燃料油数量×石脑油或燃料油消费税单位税额

其中：实际耗用石脑油、燃料油数量＝当期投入乙烯、芳烃生产装置的全部数量—当期耗用的自产数量—当期耗用的外购免税数量

第十五条 主管税务机关受理使用企业退税申请资料后，应在 15 个工作日内完成以下工作：

（一）开展消费税"一窗式"比对工作，具体比对指标为：

1.《石脑油、燃料油生产、外购、耗用、库存月度统计表》中填报的石脑油、燃料油生产乙烯、芳烃类化工产品的产量占本企业用石脑油、燃料油生产全部产品总量的比例是否达到 50%；

2.《使用企业外购石脑油、燃料油凭证明细表》中"免税购入"和"含税购入"项的"汉字防伪版增值税专用发票"的"货物名称、数量"与主管税务机关采集认证的汉字防伪版增值税专用发票的货物名称、数量比对是否一致；

3.《使用企业外购石脑油、燃料油凭证明细表》中"免税购入"和"含税购入"项的"普通版增值税专用发票"的"发票代码、发票号码、认证日期、销货方纳税人识别号"与主管税务机关采集认证的普通版增值税专用发票信息比对是否一致；

4.《使用企业外购石脑油、燃料油凭证明细表》中"含税购

入"项的"海关进口消费税专用缴款书"所关联的"进口增值税专用缴款书号码"与主管税务机关采集的海关进口增值税专用缴款书信息比对,是否存在和一致;

5.《石脑油、燃料油生产、外购、耗用、库存月度统计表》、《乙烯、芳烃生产装置投入产出流量计统计表》、《使用企业外购石脑油、燃料油凭证明细表》、《用于生产乙烯、芳烃类化工产品的石脑油、燃料油消费税退税申请表》表内、表间数据关系计算是否准确。

(二)消费税"一窗式"比对相符的,开具"收入退还书"(预算科目:101020121 成品油消费税退税),后附《用于生产乙烯、芳烃类化工产品的石脑油、燃料油消费税退税申请表》,转交当地国库部门。国库部门按规定从中央预算收入中退付税款。

(三)消费税"一窗式"比对不符的,主管税务机关应当及时告知使用企业并退还其资料。

第十六条 生产企业将自产石脑油、燃料油用于本企业连续生产乙烯、芳烃类化工产品的,按当期投入生产装置的实际移送量免征消费税。

第十七条 生产企业执行定点直供计划,销售石脑油、燃料油的数量在计划限额内,且开具有"DDZG"标识的汉字防伪版增值税专用发票的,免征消费税。

开具普通版增值税专用发票的,应当先行申报缴纳消费税。经主管税务机关核实,确认使用企业购进的石脑油、燃料油已作免税油品核算的,其已申报缴纳消费税的数量可抵顶下期应纳消费税的应税数量。

未开具增值税专用发票或开具其他发票的,不得免征消费税。

第十八条 生产企业发生将自产的石脑油、燃料油用于本企业连续生产乙烯、芳烃类化工产品的,应按月填报《石脑油、燃料油生产、外购、耗用、库存月度统计表》和《乙烯、芳烃生产装置投入产出流量计统计表》；如执行定点直供计划销售石脑油、燃料油，且开具普通版增值税专用发票的，应按月填报《生产企业定点直供石脑油、燃料油开具普通版增值税专用发票明细表》（附件6），作为《成品油消费税纳税申报表》的附列资料一同报送。

第十九条　主管税务机关在受理生产企业纳税申报资料时，应核对以下内容：

（一）《成品油消费税纳税申报表》、《石脑油、燃料油生产、外购、耗用、库存月度统计表》和《乙烯、芳烃生产装置投入产出流量计统计表》、《生产企业定点直供石脑油、燃料油开具普通版增值税专用发票明细表》表内、表间数据关系计算是否准确；

（二）《石脑油、燃料油生产、外购、耗用、库存月度统计表》中"本期执行定点直供计划数量"的累计数是否超过定点直供计划限额；

（三）《石脑油、燃料油生产、外购、耗用、库存月度统计表》中"其中：汉字防伪版增值税专用发票的油品数量"与当期开具有"DDZG"标识的汉字防伪版增值税专用发票记载的数量是否一致；

（四）将《生产企业定点直供石脑油、燃料油开具普通版增值税专用发票明细表》中发票信息发送给使用企业主管税务机关进行核查；根据反馈的核查结果，对使用企业已作免税油品核算的，将允许抵顶下期应纳消费税应税数量的具体数量书面通知生产企业。

第二十条　生产企业对外销售和用于其他方面的石脑油、燃料油耗用量，减去用于本企业连续生产乙烯、芳烃类化工产品的耗用量，减去执行定点直供计划且开具"DDZG"标识的汉字防伪版增值税专用发票的数量，为应当缴纳消费税的数量。

生产企业实际执行定点直供计划时，超出国家税务总局核发定点直供计划量的，或将自产石脑油、燃料油未用于生产乙烯、芳烃类化工产品的，不得免征消费税。

第二十一条 每年11月30日前，企业总部应将下一年度的《石脑油、燃料油定点直供计划表》（附件7）上报国家税务总局（货物和劳务税司）。年度内定点直供计划的调整，需提前30日报国家税务总局。

第二十二条 生产企业、使用企业应建立石脑油、燃料油移送使用台账（以下简称台账）。分别记录自产、外购（分别登记外购含税数量和外购免税数量）、移送使用石脑油、燃料油数量。

第二十三条 使用企业将外购的免税石脑油、燃料油未用于生产乙烯、芳烃类化工产品（不包库存）或者对外销售的，应按规定征收消费税。

第二十四条 使用企业生产乙烯、芳烃类化工产品过程中所生产的应税产品，应按规定征收消费税。外购的含税石脑油、燃料油生产乙烯、芳烃类化工产品且已经退税的，在生产乙烯、芳烃类化工产品过程中生产的应税产品不得再扣除外购石脑油、燃料油应纳消费税税额。

第二十五条 使用企业用于生产乙烯、芳烃类化工产品的石脑油、燃料油既有免税又有含税的，应分别核算，未分别核算或未准确核算的不予退税。

第二十六条 使用企业申请退税的国内采购的含税石脑油、燃料油，应取得经主管税务机关认证的汉字防伪版增值税专用发票或普通版增值税专用发票，发票应注明石脑油、燃料油及数量。未取得、未认证或发票未注明石脑油、燃料油及数量的，不予退税。

使用企业申请退税的进口的含税石脑油、燃料油，必须取得海关进口消费税、增值税专用缴款书，且申报抵扣了增值税进项税，专用缴款书应注明石脑油、燃料油及数量。未取得、未申报抵扣或专用缴款书未注明石脑油、燃料油及数量的，不予退税。

第二十七条　主管税务机关按月填制《用于生产乙烯、芳烃类化工产品的石脑油、燃料油退（免）税汇总表》（附件8），逐级上报至国家税务总局。

第二十八条　主管税务机关应加强石脑油、燃料油退（免）消费税的日常管理，对已办理退税的乙烯、芳烃生产企业，当地国税稽查部门和货物劳务税管理部门，每季度要对其退税业务的真实性进行检查，防止企业骗取退税款。检查的内容主要包括：

（一）使用企业申报的实际耗用量与全部外购量、库存量进行比对，应当符合实际耗用量≤期初库存+本期外购量（含自产）-本期销售-期末库存量；

使用企业申报的退税额应不大于外购含税石脑油、燃料油所含消费税税额；

（二）将使用企业实际产成品数据信息与利用产品收率计算原材料实际投入量信息进行比对，两者符合投入产出比例关系；

（三）将使用企业申报的实际耗用信息与石脑油、燃料油的出入库信息、生产计量信息及财务会计信息进行比对，符合逻辑关系；

（四）将使用企业申报的实际耗用信息与装置生产能力信息进行比对，符合逻辑关系；

（五）将使用企业本期外购石脑油、燃料油数量与相关增值税专用发票的抵扣信息进行比对，符合逻辑关系；

（六）生产企业免税销售石脑油、燃料油开具的增值税专用发票信息与总局定点直供计划规定的销售对象、供应数量等信息进行比对，两者销售对象应当一致，销售数量应等于或小于定点直供计划数量；

（七）使用企业外购免税的石脑油、燃料油数量信息与定点直供计划信息及相关的增值税专用发票信息进行比对，增值税专用发票开具的销售对象应当与定点直供计划规定的一致，其数量应等于

或小于定点直供计划数量;

（八）使用企业申报的外购免税石脑油、燃料油数量信息与定点直供计划数量信息进行比对,免税数量应等于或小于定点直供计划。

第二十九条　被检查企业与主管税务机关在产品界定上如果发生歧义,企业应根据税务机关的要求实施对其产品的抽检。

检验样品由税务人员与企业财务人员、技术人员共同实地提取样品一式两份,经双方确认签封,其中一份交具有检测资质的第三方检测机构检测,检测报告由企业提供给主管税务机关;另一份由主管税务机关留存。

第三十条　使用企业发生下列行为之一的,主管税务机关应暂停或取消使用企业的退（免）税资格:

（一）注销税务登记的,取消退（免）税资格;

（二）主管税务机关实地核查结果与使用企业申报的备案资料不一致的,暂停或取消退（免）资格;

（三）使用企业不再以石脑油、燃料油生产乙烯、芳烃类化工产品或不再生产乙烯、芳烃类化工产品的,经申请取消退（免）税资格;

（四）经税务机关检查发现存在骗取国家退税款的,取消退（免）税资格;

（五）未办理备案变更登记备案事项,经主管税务机关通知在30日内仍未改正的,暂停退（免）税资格;

（六）未按月向主管税务机关报送《石脑油、燃料油生产、外购、耗用、库存月度统计表》和《乙烯、芳烃生产装置投入产出流量计统计表》、《使用企业外购石脑油、燃料油凭证明细表》的,暂停退（免）税资格;

（七）不接受税务机关的产品抽检,不能提供税务机关要求的检测报告的,暂停退（免）税资格。

第三十一条　使用企业被取消退（免）税资格的,其库存的免税石脑油、燃料油应当征收消费税。

第三十二条 本办法由国家税务总局负责解释。各省、自治区、直辖市、计划单列市国家税务局可依据本办法制定具体实施办法。

第三十三条 本办法自 2011 年 10 月 1 日起执行。《国家税务总局〈关于印发石脑油消费税免税管理办法〉的通知》（国税发〔2008〕45 号）同时废止。

石脑油、燃料油退（免）消费税管理操作规程（试行）

国家税务总局关于印发《石脑油、燃料油退（免）消费税管理操作规程（试行）》的通知

税总函〔2014〕412号

各省、自治区、直辖市和计划单列市国家税务局：

根据《国家税务总局关于发布〈用于生产乙烯、芳烃类化工产品的石脑油、燃料油退（免）消费税暂行办法〉的公告》（国家税务总局公告2012年第36号）、《国家税务总局海关总署关于石脑油、燃料油生产乙烯、芳烃类化工产品消费税退税问题的公告》（国家税务总局公告2013年第29号）、《国家税务总局关于成品油生产企业开具增值税发票纳入防伪税控系统汉字防伪项目管理的公告》（国家税务总局公告2013年第79号）、《国家税务总局关于成品油经销企业开具的增值税发票纳入防伪税控系统汉字防伪版管理的公告》（国家税务总局公告2014年第33号）等有关规定，国家税务总局制定了《石脑油、燃料油退（免）消费税管理工作规程（试行）》，现印发给你们，请遵照执行。

国家税务总局
2014年8月29日

第一条 为了规范石脑油、燃料油退（免）消费税管理工作，提高石脑油、燃料油退（免）消费税工作质量和效率，提升纳税服务水平，制定本规程。

第二条 本规程适用于以国产或既以国产又以进口石脑油、燃料油生产乙烯、芳烃类化工产品企业的消费税退（免）税管理工作。

第三条 本规程所称生产企业是指以原油或其他原料生产加工石脑油、燃料油的企业；使用企业是指用石脑油、燃料油生产乙烯、芳烃类化工产品的企业。

第四条 部门职责

（一）国家税务总局货物劳务税管理部门负责制定、完善石脑油、燃料油退（免）消费税政策，发布石脑油、燃料油定点直供计划；

（二）省市国家税务局货物劳务税管理部门负责监督指导下级税务机关石脑油、燃料油退（免）消费税管理；

（三）县区国家税务局负责石脑油、燃料油退（免）消费税申报资料受理、变更、审核及退税管理，具体职责包括：

1. 税源管理部门负责石脑油、燃料油退（免）消费税资格备案及变更、数据采集、审核、归档、退税追踪管理；

2. 货物劳务税管理部门负责石脑油、燃料油退（免）消费税复核及退税管理；

3. 收入核算部门负责石脑油、燃料油消费税退库管理。

第五条 主管税务机关通过石脑油、燃料油退（免）消费税管理系统（以下简称退（免）税系统）通过采集生产企业和使用企业退（免）税相关信息，完成退税审批和追踪管理。各级税务机关通过退（免）税系统监督本级和下级退（免）税管理情况。

第六条 使用企业资格备案及备案事项变更的资料包括：

（一）《石脑油、燃料油消费税退（免）税资格备案表》；

（二）石脑油、燃料油用于生产乙烯、芳烃类化工产品的工艺设计方案、装置工艺流程以及相关生产设备情况；

（三）石脑油、燃料油用于生产乙烯、芳烃类化工产品的物料平衡图，要求标注每套生产装置的投入产出比例及年处理能力；

（四）原料储罐、产成品储罐和产成品仓库的分布图、用途、储存容量的相关资料；

（五）乙烯、芳烃类化工产品生产装置的全部流量计的安装位置图和计量方法说明，以及原材料密度的测量和计算方法说明；

（六）上一年度用石脑油、燃料油生产乙烯、芳烃类化工产品的分品种的销售明细表；

（七）营业执照登记、省级以上安全生产监督管理部门颁发的危险化学品《安全生产许可证》、如使用企业处于试生产阶段，应提供省级以上安全生产监督管理部门出具的试生产备案意见书原件及复印件；

（八）《石脑油、燃料油消费税退税资格备案表》。

第七条　文书受理岗对资格备案及备案事项变更资料进行完整性审核，资料齐全的，向使用企业开具受理通知书，并于2个工作日内将受理资料传递税源管理岗；对资料不齐全的，应告知纳税人并退还资料。

第八条　税源管理岗收到资格备案及变更资料后，在退（免）税系统进行资格备案及备案事项变更的电子信息录入，纸质备案资料归档。

第九条　消费税退（免）税申报资料包括：

（一）生产企业按月报送《生产企业销售含税石脑油、燃料油完税情况明细表》；

（二）使用企业按月报送的申报资料包括：

1. 《使用企业外购石脑油、燃料油凭证明细表》；

2. 《石脑油、燃料油生产、外购、耗用、库存月度统计表》；

3. 《乙烯、芳烃生产装置投入产出流量计统计表》；

4. 《使用企业外购石脑油、燃料油凭证明细表》中"外购含税油品"项"消费税完税凭证号码"所对应的消费税完税凭证的复印件；

5. 当期外购石脑油、燃料油取得认证相符的普通版及汉字防伪版（非DDZG）增值税专用发票复印件；

6. 进口货物报关单、海关进口消费税专用缴款书、自动进口许可证等材料复印件。

（三）使用企业申请退还消费税的，需报送《用于生产乙烯、芳烃类化工产品的石脑油、燃料油消费税应退税额计算表》。

第十条 文书受理岗对消费税退（免）税申报资料进行完整性审核，并于2个工作日内将申报资料传递至税源管理岗。

第十一条 税源管理岗收到消费税退（免）税申报资料后，将数据录入或导入退（免）税系统，并开展以下审核工作：

（一）生产企业申报资料的审核

1. 完税凭证号码是否符合要求；

2. 《生产企业销售含税石脑油、燃料油完税情况明细表》发票中石脑油、燃料油数量是否小于或等于完税凭证石脑油、燃料油数量；

3. 生产企业销售免税石脑油、燃料油数量是否超过定点直供计划规定的数量。

（二）使用企业申报资料的审核

1. 《石脑油、燃料油生产、外购、耗用、库存月度统计表》中填报的乙烯类、芳烃类产品的本年累计产量占全部产品（本企业用石脑油、燃料油生产全部产品总量）的比例是否达到50%。

2. 《使用企业外购石脑油、燃料油凭证明细表》中"外购免税油品"和"外购含税油品"项的"汉字防伪版增值税专用发票"的"石脑油数量""燃料油数量"与主管税务机关采集认证的汉字防伪版增值税专用发票的货物名称、数量比对是否相符。

3. 《使用企业外购石脑油、燃料油凭证明细表》中"外购免税油品"和"外购含税油品"项的"普通版增值税专用发票"的"发票代码""发票号码""销货方纳税人识别号"与主管税务机关采集认证的普通版增值税专用发票信息比对是否相符。"石脑油数量、燃料油数量"与普通版增值税专用发票复印件的货物名称、数量比对是否相符。

4.《使用企业外购石脑油、燃料油凭证明细表》中"外购含税油品"项的"销货方纳税人识别号""消费税完税凭证号码"与使用企业提供的生产企业消费税完税凭证复印件信息比对是否相符。使用企业从非生产企业购进油品的,《使用企业外购石脑油、燃料油凭证明细表》中"外购含税油品"项的增值税专用发票、消费税完税凭证信息与税务机关核实情况是否一致。

5.《使用企业外购石脑油、燃料油凭证明细表》中"外购含税油品"的"发票代码""发票号码""石脑油数量""燃料油数量"、"消费税完税凭证号码"与《生产企业销售含税石脑油、燃料油完税情况明细表》信息比对是否相符。

6.《使用企业外购石脑油、燃料油凭证明细表》中"外购含税油品"项"海关进口消费税专用缴款书"的"缴款书号码、税款金额、数量"与使用企业提供进口货物报关单、海关进口消费税专用缴款书、自动进口许可证等材料复印件信息比对是否相符。

7. 当期申报的《石脑油、燃料油生产、外购、耗用、库存月度统计表》"外购数量统计"项的进口石脑油、燃料油的期初库存油品数量的本期数和累计数与前一期进口地海关办理退税的期末数据是否一致。

8.《石脑油、燃料油生产、外购、耗用、库存月度统计表》《乙烯、芳烃生产装置投入产出流量计统计表》《使用企业外购石脑油、燃料油凭证明细表》《用于生产乙烯、芳烃类化工产品的石脑油、燃料油消费税应退税额计算表》表内、表间数据逻辑关系是否准确。

第十二条　申报资料审核未通过的情况处理：

（一）主管税务机关确认申报资料审核未通过属于数据填报错误的，应要求纳税人重新上报。

（二）生产企业销售免税石脑油、燃料油数量超过定点直供计划规定数量的，应当补缴消费税。

（三）因《生产企业销售含税石脑油、燃料油完税情况明细表》数据错误或不完整，造成数据比对不符的，使用企业主管税务机关通过退（免）税系统向对应的生产企业主管税务机关发送"完税信息提醒"，生产企业税务机关据此应开展数据核实，属于数据采集不完整的应及时补录相关数据；属于数据采集错误的，逐级提交国家税务总局修改数据。

（四）使用企业从非生产企业购进国产含税石脑油、燃料油，主管税务机关根据其提供的增值税专用发票和消费税完税凭证复印件，向上环节供油企业主管税务机关发函逐级核实确认是否缴纳消费税，经核实该油品确已完税的，将消费税完税凭证号码和回函信息录入退（免）税系统，审核通过。

第十三条　退税资料审核通过后，税源管理岗在纸质《用于生产乙烯、芳烃类化工产品的石脑油、燃料油消费税应退税额计算表》签署审核意见，传递至货物劳务税管理岗复核，经主管局长签署意见后，转收入核算岗审核退税。

第十四条　收入核算岗办理退税后，应将收入退还书复印件传递至税源管理岗。税源管理岗将收入退还书号码和退税金额录入退（免）税系统，纸质资料存档。

第十五条　货物劳务税管理岗将签署进口油品审核意见的《用于生产乙烯、芳烃类化工产品的石脑油、燃料油消费税应退税额计算表》连同其他资料，转交进口地海关或海关总署。

第十六条　使用企业发生下列行为之一的，主管税务机关应暂停或取消使用企业的退（免）税资格：

（一）注销税务登记的，取消退（免）税资格；

（二）主管税务机关实地核查结果与使用企业申报的备案资料不一致的，暂停或取消退（免）资格；

（三）使用企业不再以石脑油、燃料油生产乙烯、芳烃类化工产品或不再生产乙烯、芳烃类化工产品的，经申请取消退（免）税资格；

（四）经税务机关检查发现存在骗取国家退税款的，取消退（免）税资格；

（五）未办理备案变更登记备案事项，经主管税务机关通知在30日内仍未改正的，暂停退（免）税资格；

（六）未按月向主管税务机关报送《石脑油、燃料油生产、外购、耗用、库存月度统计表》《乙烯、芳烃生产装置投入产出流量计统计表》和《使用企业外购石脑油、燃料油凭证明细表》的，暂停退（免）税资格；

（七）不接受税务机关的产品抽检，不能提供税务机关要求的检测报告的，暂停退（免）税资格。

第十七条 暂停或取消退（免）税资格的企业，由主管税务机关税源管理岗及时录入系统。

第十八条 本操作规程自2014年9月1日起施行。

关于石脑油 燃料油生产乙烯 芳烃类化工产品消费税退税问题的公告

国家税务总局、海关总署公告
2013年第29号

根据《财政部 中国人民银行 国家税务总局关于延续执行部分石脑油 燃料油消费税政策的通知》（财税〔2011〕87号）、《财政部 中国人民银行 海关总署 国家税务总局关于完善石脑油 燃料油生产乙烯 芳烃类化工产品消费税退税政策的通知》（财税〔2013〕2号）和《国家税务总局关于发布〈用于生产乙烯、芳烃类化工产品的石脑油、燃料油退（免）消费税暂行办法〉的公告》（国家税务总局公告2012年第36号），现就用于生产乙烯、芳烃类化工产品的石脑油、燃料油消费税退税问题公告如下：

一、用石脑油、燃料油生产乙烯、芳烃类化工产品的企业（以下简称使用企业），符合下列条件的，可提请消费税退税资格备案：

（一）营业执照登记的经营范围包含生产乙烯、芳烃类化工产品；

（二）持有省级（含）以上安全生产监督管理部门颁发的危险化学品《安全生产许可证》。如使用企业处于试生产阶段，应提供省级以上安全生产监督管理部门出具的试生产备案意见书；

（三）拥有生产乙烯、芳烃类化工产品的生产装置或设备，乙烯生产企业必须具备（蒸汽）裂解装置，芳烃生产企业必须具备芳烃抽提装置；

（四）用石脑油、燃料油生产乙烯、芳烃类化工产品的产量占本企业用石脑油、燃料油生产全部产品总量的50%以上（含）；

（五）书面承诺接受税务机关和海关对产品的抽检；

（六）国家税务总局和海关总署规定的其他情形。

二、使用企业提请消费税退税资格备案，按下列规定提交《石脑油、燃料油消费税退税资格备案表》（附件1）和国家税务总局2012年第36号公告发布的《用于生产乙烯、芳烃类化工产品的石脑油、燃料油退（免）消费税暂行办法》（以下简称《暂行办法》）第七条规定的备案资料：

（一）仅以自营或委托方式进口石脑油、燃料油生产乙烯、芳烃类化工产品的，应向进口地海关提请资格备案，涉及多个进口地的，应分别向各进口地海关提请资格备案；

（二）仅以国产石脑油、燃料油生产乙烯、芳烃类化工产品的，应向主管税务机关提请资格备案；

（三）既以国产又以进口石脑油、燃料油生产乙烯、芳烃类化工产品的，应分别向主管税务机关和进口地海关提请资格备案，涉及多个进口地的，应分别向各进口地海关提请资格备案。

三、石脑油、燃料油生产企业（以下简称生产企业）销售含税石脑油、燃料油，应根据购买方企业的需要提供该油品所对应的消费税完税凭证复印件，并填制《生产企业销售含税石脑油、燃料油完税情况明细表》（附件2），于次月纳税申报期报送至主管税务机关。主管税务机关及时将此表信息录入相关系统，供使用企业主管税务机关退税核对。

生产企业销售石脑油、燃料油发生消费税欠税（包括办理消费税缓缴手续）的，未交税油品对应的增值税专用发票信息不得填写在《生产企业销售含税石脑油、燃料油完税情况明细表》中。

四、使用企业取得生产企业消费税完税凭证复印件后，应填写《使用企业外购石脑油、燃料油凭证明细表》（附件3）。

使用企业未取得生产企业消费税完税凭证复印件的，其外购油品的增值税专用发票信息不得填写在《使用企业外购石脑油、燃料油凭证明细表》中。

五、使用企业从非生产企业购进国产含税石脑油、燃料油的，应向主管税务机关提供该油品对应的增值税专用发票和消费税完税凭证复印件。经主管税务机关核实确已缴纳消费税的，使用企业应将该油品对应的增值税专用发票和消费税完税凭证等信息填写在《使用企业外购石脑油、燃料油凭证明细表》中。

上述供油企业（含生产企业和非生产企业）主管税务机关应协助使用企业主管税务机关，做好对该油品是否已缴纳消费税的核实工作。

六、使用企业应区分不同情形，按以下规定报送退税资料：

（一）仅以进口石脑油、燃料油生产乙烯、芳烃类化工产品的，应每月向进口地海关报送以下资料：

1.《使用企业外购石脑油、燃料油凭证明细表》；

2.《石脑油、燃料油生产、外购、耗用、库存月度统计表》（附件4）；

3.《乙烯、芳烃生产装置投入产出流量计统计表》（附件5）；

4. 进口货物报关单、海关进口消费税专用缴款书、自动进口许可证等材料复印件。

上述企业在申请退还进口消费税时，应向进口地海关提供《用于生产乙烯、芳烃类化工产品的石脑油、燃料油进口消费税退税申请表》（附件6）。

既以国产又以进口石脑油、燃料油生产乙烯、芳烃类化工产品的使用企业，按照本公告规定经主管税务机关对进口石脑油、燃料油退税提出核对意见后，也应向进口地海关提供《用于生产乙烯、芳烃类化工产品的石脑油、燃料油进口消费税退税申请表》。

（二）仅以国产石脑油、燃料油或既以国产又以进口石脑油、燃料油生产乙烯、芳烃类化工产品的，应向主管税务机关报送以下资料：

1. 在每月纳税申报期报送的资料：

（1）《使用企业外购石脑油、燃料油凭证明细表》；

(2)《石脑油、燃料油生产、外购、耗用、库存月度统计表》；

(3)《乙烯、芳烃生产装置投入产出流量计统计表》；

(4)《使用企业外购石脑油、燃料油凭证明细表》中"外购含税油品"项"消费税完税凭证号码"所对应的消费税完税凭证的复印件；

(5)当期外购石脑油、燃料油取得的已认证普通版增值税专用发票复印件；

(6)进口货物报关单、海关进口消费税专用缴款书、自动进口许可证等材料复印件。

2. 申请退还消费税的，在当月纳税申报期结束后应报送以下资料：

(1)《用于生产乙烯、芳烃类化工产品的石脑油、燃料油消费税应退税额计算表》(附件7)；

(2)使用企业初次向主管税务机关申请进口消费税退税的，如前期已向海关申请办理过退税事项，应提供上月进口地海关受理的《石脑油、燃料油生产、外购、耗用、库存月度统计表》。

七、主管税务机关和进口地海关受理使用企业退税申请后，应及时完成以下工作：

(一)主管税务机关核对、退税工作

1. 消费税退税资料的核对

(1)《石脑油、燃料油生产、外购、耗用、库存月度统计表》中填报的乙烯类、芳烃类产品的本年累计产量占全部产品（本企业用石脑油、燃料油生产全部产品总量）的比例是否达到50%；

(2)《使用企业外购石脑油、燃料油凭证明细表》中"外购免税油品"和"外购含税油品"项的"汉字防伪版增值税专用发票"的"石脑油数量"、"燃料油数量"与主管税务机关采集认证的汉字防伪版增值税专用发票的货物名称、数量比对是否相符；

(3)《使用企业外购石脑油、燃料油凭证明细表》中"外购免税油品"和"外购含税油品"项的"普通版增值税专用发票"的"发票代码"、"发票号码"、"销货方纳税人识别号"与主管税务机关采集认证的普通版增值税专用发票信息比对是否相符。"石脑油数量、燃料油数量"与普通版增值税专用发票复印件的货物名称、数量比对是否相符;

(4)《使用企业外购石脑油、燃料油凭证明细表》中"外购含税油品"项的"销货方纳税人识别号"、"消费税完税凭证号码"与使用企业提供的生产企业消费税完税凭证复印件信息比对是否相符。使用企业从非生产企业购进油品的,《使用企业外购石脑油、燃料油凭证明细表》中"外购含税油品"项的增值税专用发票、消费税完税凭证信息与税务机关核实情况是否一致;

(5)《使用企业外购石脑油、燃料油凭证明细表》中"外购含税油品"的"发票代码"、"发票号码"、"石脑油数量"、"燃料油数量"、"消费税完税凭证号码"与《生产企业销售含税石脑油、燃料油完税情况明细表》信息比对是否相符;

(6)《使用企业外购石脑油、燃料油凭证明细表》中"外购含税油品"项"海关进口消费税专用缴款书"的"缴款书号码、税款金额、数量"与使用企业提供进口货物报关单、海关进口消费税专用缴款书、自动进口许可证等材料复印件信息比对是否相符;

(7)当期申报的《石脑油、燃料油生产、外购、耗用、库存月度统计表》"外购数量统计"项的进口石脑油、燃料油的期初库存油品数量的本期数和累计数与前一期进口地海关办理退税的期末数据是否一致;

(8)《石脑油、燃料油生产、外购、耗用、库存月度统计表》、《乙烯、芳烃生产装置投入产出流量计统计表》、《使用企业外购石脑油、燃料油凭证明细表》、《用于生产乙烯、芳烃类化工产品的石脑油、燃料油消费税应退税额计算表》表内、表间数据逻辑关系是否准确。

2. 消费税退税资料核对相符的，在《用于生产乙烯、芳烃类化工产品的石脑油、燃料油消费税应退税额计算表》中填写国产油品的本期应退税数量和本期应退税额，并签署意见；在《退（抵）税申请审批表（通用）》签署意见；根据国产石脑油、燃料油的本期应退税额开具收入退还书（预算科目：101020121）；转交当地国库部门。

3. 使用企业申请进口石脑油、燃料油退税的，主管税务机关在《用于生产乙烯、芳烃类化工产品的石脑油、燃料油消费税应退税额计算表》中填写进口油品的本期应退税数量和本期应退税额，并于签署"表书信息比对相符，表内、表间数据关系计算准确"的意见后，及时将该表及其他相关资料直接转交进口地海关；如涉及2个或2个以上进口地海关的，将以上退税资料直接转交海关总署（关税征管司）。

（二）进口地海关核对、退税工作

1. 消费税退税资料的核对

（1）对税务机关出具初核意见的退税资料进行复核；

（2）《使用企业外购石脑油、燃料油凭证明细表》中"外购含税油品"项"海关进口消费税专用缴款书"的"缴款书号码、税款金额、数量"及所对应的进口货物报关单、海关进口消费税专用缴款书、自动进口许可证等复印件信息与海关记录的相关信息比对是否相符；

（3）《石脑油、燃料油生产、外购、耗用、库存月度统计表》、《乙烯、芳烃生产装置投入产出流量计统计表》、《使用企业外购石脑油、燃料油凭证明细表》、《用于生产乙烯、芳烃类化工产品的石脑油、燃料油消费税应退税额计算表》涉及进口油品的表内、表间数据关系计算是否准确。

2. 消费税退税资料核对相符的，进口地海关在《用于生产乙烯、芳烃类化工产品的石脑油、燃料油进口消费税退税申请表》签署意见，开具收入退还书（预算科目：101020221），转交当地国库部门。

（三）消费税退税核对不符的，主管税务机关和进口地海关应及时告知使用企业并退还其退税资料。

八、生产企业、使用企业应建立石脑油、燃料油移送使用台账。分别记录自产、外购（分别登记外购含税国产、进口数量和外购国产免税数量）、移送使用石脑油、燃料油数量。

九、使用企业2011年1月1日至9月30日期间购进并用于乙烯、芳烃类化工产品生产的已税石脑油、燃料油，可申请办理消费税退税。

十、本公告自2013年7月1日起施行。此前已办理退税的，不予调整，未办理退税的，按本公告规定执行。国家税务总局2012年第36号公告第一条第三款，《暂行办法》第六条、第十二条、第十三条、第十五条、第二十二条、第二十六条第二款以及《暂行办法》的附件1、附件2、附件3、附件4、附件5同时废止。

特此公告。

国家税务总局　海关总署
2013年5月29日

全国普法学习读本

增值税与消费税法律法规读本
增值税法律法规

魏光朴 主编

汕头大学出版社

图书在版编目（CIP）数据

增值税法律法规 / 魏光朴主编 . -- 汕头：汕头大学出版社，2023.4（重印）
（增值税与消费税法律法规读本）
ISBN 978-7-5658-3212-3

Ⅰ. ①增… Ⅱ. ①魏… Ⅲ. ①增值税-税法-中国-学习参考资料 Ⅳ. ①D922.229.4

中国版本图书馆 CIP 数据核字（2017）第 254883 号

增值税法律法规　　　　ZENGZHISHUI FALÜ FAGUI

主　　编：魏光朴
责任编辑：邹　峰
责任技编：黄东生
封面设计：大华文苑
出版发行：汕头大学出版社
　　　　　广东省汕头市大学路 243 号汕头大学校园内　邮政编码：515063
电　　话：0754-82904613
印　　刷：三河市元兴印务有限公司
开　　本：690mm×960mm 1/16
印　　张：18
字　　数：226 千字
版　　次：2017 年 10 月第 1 版
印　　次：2023 年 4 月第 2 次印刷
定　　价：59.60 元（全 2 册）
ISBN 978-7-5658-3212-3

版权所有，翻版必究
如发现印装质量问题，请与承印厂联系退换

前 言

习近平总书记指出："推进全民守法，必须着力增强全民法治观念。要坚持把全民普法和守法作为依法治国的长期基础性工作，采取有力措施加强法制宣传教育。要坚持法治教育从娃娃抓起，把法治教育纳入国民教育体系和精神文明创建内容，由易到难、循序渐进不断增强青少年的规则意识。要健全公民和组织守法信用记录，完善守法诚信褒奖机制和违法失信行为惩戒机制，形成守法光荣、违法可耻的社会氛围，使遵法守法成为全体人民共同追求和自觉行动。"

中共中央、国务院曾经转发了中央宣传部、司法部关于在公民中开展法治宣传教育的规划，并发出通知，要求各地区各部门结合实际认真贯彻执行。通知指出，全民普法和守法是依法治国的长期基础性工作。深入开展法治宣传教育，是全面建成小康社会和新农村的重要保障。

普法规划指出：各地区各部门要根据实际需要，从不同群体的特点出发，因地制宜开展有特色的法治宣传教育坚持集中法治宣传教育与经常性法治宣传教育相结合，深化法律进机关、进乡村、进社区、进学校、进企业、进单位的"法律六进"主题活动，完善工作标准，建立长效机制。

特别是农业、农村和农民问题，始终是关系党和人民事业发展的全局性和根本性问题。党中央、国务院发布的《关于推进社会主义新农村建设的若干意见》中明确提出要"加强农村法制建设，深入开展农村普法教育，增强农民的法制观念，提高农民依法行使权利和履行义务的自觉性。"多年普法实践证明，普及法律知识，提高法制观念，增强全社会依法办事意识具有重要作用。特别是在广大农村进行普法教育，是提高全民法律素质的需要。

多年来，我国在农村实行的改革开放取得了极大成功，农村发生了翻天覆地的变化，广大农民生活水平大大得到了提高。但是，由于历史和社会等原因，现阶段我国一些地区农民文化素质还不高，不学法、不懂法、不守法现象虽然较原来有所改变，但仍有相当一部分群众的法制观念仍很淡化，不懂、不愿借助法律来保护自身权益，这就极易受到不法的侵害，或极易进行违法犯罪活动，严重阻碍了全面建成小康社会和新农村步伐。

为此，根据党和政府的指示精神以及普法规划，特别是根据广大农村农民的现状，在有关部门和专家的指导下，特别编辑了这套《全国普法学习读本》。主要包括了广大人民群众应知应懂、实际实用的法律法规。为了辅导学习，附录还收入了相应法律法规的条例准则、实施细则、解读解答、案例分析等；同时为了突出法律法规的实际实用特点，兼顾地方性和特殊性，附录还收入了部分某些地方性法律法规以及非法律法规的政策文件、管理制度、应用表格等内容，拓展了本书的知识范围，使法律法规更"接地气"，便于读者学习掌握和实际应用。

在众多法律法规中，我们通过甄别，淘汰了废止的，精选了最新的、权威的和全面的。但有部分法律法规有些条款不适应当下情况了，却没有颁布新的，我们又不能擅自改动，只得保留原有条款，但附录却有相应的补充修改意见或通知等。众多法律法规根据不同内容和受众特点，经过归类组合，优化配套。整套普法读本非常全面系统，具有很强的学习性、实用性和指导性，非常适合用于广大农村和城乡普法学习教育与实践指导。总之，是全国全民普法的良好读本。

目 录

中华人民共和国增值税暂行条例

中华人民共和国增值税暂行条例 …………………………………（1）
中华人民共和国增值税暂行条例实施细则 ……………………（6）
增值税专用发票使用规定 ………………………………………（13）
适用增值税零税率应税服务退（免）税管理办法 ……………（20）
纳税人提供不动产经营租赁服务增值税征收管理暂行办法 …（28）
增值税会计处理规定 ……………………………………………（31）
营业税改征增值税跨境应税行为增值税免税管理办法（试行）…（39）
增值税税控系统服务单位监督管理办法 ………………………（47）

附 录

 全国人民代表大会常务委员会关于惩治虚开、伪造和非法出售
  增值税专用发票犯罪的决定 …………………………………（55）
 最高人民法院关于适用《全国人民代表大会常务委员会关于
  惩治虚开、伪造和非法出售增值税专用发票犯罪的决定》的
  若干问题的解释 ………………………………………………（58）
 关于资管产品增值税有关问题的通知 …………………………（62）
 国家税务总局关于跨境应税行为免税备案等增值税问题的公告 …（64）
 国家税务总局关于调整增值税纳税申报有关事项的公告 ……（65）
 国家税务总局关于增值税发票开具有关问题的公告 …………（67）
 关于继续执行有线电视收视费增值税政策的通知 ……………（68）
 关于简并增值税税率有关政策的通知 …………………………（69）
 国家税务总局关于进一步做好增值税电子普通发票推行工作的
  指导意见 ………………………………………………………（72）

— 1 —

研发机构采购国产设备增值税退税管理办法……………………（74）
国家税务总局关于开展鉴证咨询业增值税小规模纳税人自开
　增值税专用发票试点工作有关事项的公告……………………（78）
国家税务总局关于加强海关进口增值税抵扣管理的公告………（79）
关于资管产品增值税政策有关问题的补充通知…………………（80）
关于明确金融、房地产开发、教育辅助服务等增值税政策的通知……（81）
国务院关于实行中央对地方增值税定额返还的通知……………（84）
关于走逃（失联）企业开具增值税专用发票认定处理
　有关问题的公告……………………………………………………（85）
关于调整增值税一般纳税人留抵税额申报口径的公告…………（87）
关于纳税人转让不动产缴纳增值税差额扣除有关问题的公告……（88）
关于纳税人申请代开增值税发票办理流程的公告………………（89）
关于供热企业增值税　房产税　城镇土地使用税
　优惠政策的通知……………………………………………………（91）
国家税务总局关于被盗、丢失增值税专用发票有关问题的公告……（93）
关于部分营业税和增值税政策到期延续问题的通知……………（94）
国家税务总局关于红字增值税发票开具有关问题的公告………（95）
国家税务总局关于加强增值税税控系统管理有关问题的通知……（97）
关于纳税人异地预缴增值税有关城市维护建设税和教育费
　附加政策问题的通知………………………………………………（99）
国家税务总局关于部分地区开展住宿业增值税小规模纳税人
　自开增值税专用发票试点工作有关事项的公告………………（100）
关于金融机构同业往来等增值税政策的补充通知………………（102）
促进残疾人就业增值税优惠政策管理办法………………………（104）
关于促进残疾人就业增值税优惠政策的通知……………………（107）
国家税务总局关于推行通过增值税电子发票系统开具的增值税
　电子普通发票有关问题的公告……………………………………（110）
国家税务总局关于停止使用货物运输业增值税专用发票
　有关问题的公告……………………………………………………（112）

关于营业税改征增值税试点有关文化事业建设费政策及
　　征收管理问题的补充通知 …………………………………（113）
关于继续执行研发机构采购设备增值税政策的通知 ………（114）

中华人民共和国土地增值税暂行条例

中华人民共和国土地增值税暂行条例 ……………………………（117）
中华人民共和国土地增值税暂行条例实施细则 …………………（119）
附　录
　国家税务总局关于修订土地增值税纳税申报表的通知 …………（125）
　土地整治工程营业税改征增值税计价依据调整过渡实施方案 …（127）
　关于土地价款扣除时间等增值税征管问题的公告 ………………（130）
　国家税务总局关于房地产开发企业土地增值税清算涉及
　　企业所得税退税有关问题的公告 ………………………………（132）
　国家税务总局关于营改增后土地增值税若干征管规定的公告 …（134）
　关于营改增后契税、房产税、土地增值税、个人所得税计税
　　依据问题的通知 …………………………………………………（136）

中华人民共和国增值税暂行条例

中华人民共和国增值税暂行条例

中华人民共和国国务院令

第 666 号

《国务院关于修改部分行政法规的决定》已经 2016 年 1 月 13 日国务院第 119 次常务会议通过，现予公布，自公布之日起施行。

总理　李克强
2016 年 2 月 6 日

（1993 年 12 月 13 日中华人民共和国国务院令第 134 号公布；根据 2008 年 11 月 10 日国务院令第 538 号第一次修订；根据 2016 年 2 月 6 日《国务院关于修改部分行政法规的决定》第二次修订）

第一条　在中华人民共和国境内销售货物或者提供加工、修理修配劳务以及进口货物的单位和个人，为增值税的纳税人，应当依照本条例缴纳增值税。

第二条　增值税税率：

（一）纳税人销售或者进口货物，除本条第（二）项、第（三）项规定外，税率为17%。

（二）纳税人销售或者进口下列货物，税率为13%：

1. 粮食、食用植物油；

2. 自来水、暖气、冷气、热水、煤气、石油液化气、天然气、沼气、居民用煤炭制品；

3. 图书、报纸、杂志；

4. 饲料、化肥、农药、农机、农膜；

5. 国务院规定的其他货物。

（三）纳税人出口货物，税率为零；但是，国务院另有规定的除外。

（四）纳税人提供加工、修理修配劳务（以下称应税劳务），税率为17%。

税率的调整，由国务院决定。

第三条 纳税人兼营不同税率的货物或者应税劳务，应当分别核算不同税率货物或者应税劳务的销售额；未分别核算销售额的，从高适用税率。

第四条 除本条例第十一条规定外，纳税人销售货物或者提供应税劳务（以下简称销售货物或者应税劳务），应纳税额为当期销项税额抵扣当期进项税额后的余额。应纳税额计算公式：

应纳税额＝当期销项税额－当期进项税额

当期销项税额小于当期进项税额不足抵扣时，其不足部分可以结转下期继续抵扣。

第五条 纳税人销售货物或者应税劳务，按照销售额和本条例第二条规定的税率计算并向购买方收取的增值税额，为销项税额。销项税额计算公式：

销项税额＝销售额×税率

第六条 销售额为纳税人销售货物或者应税劳务向购买方收取的全部价款和价外费用，但是不包括收取的销项税额。

销售额以人民币计算。纳税人以人民币以外的货币结算销售额的，应当折合成人民币计算。

第七条 纳税人销售货物或者应税劳务的价格明显偏低并无正当理由的，由主管税务机关核定其销售额。

第八条 纳税人购进货物或者接受应税劳务（以下简称购进货物或者应税劳务）支付或者负担的增值税额，为进项税额。

下列进项税额准予从销项税额中抵扣：

（一）从销售方取得的增值税专用发票上注明的增值税额。

（二）从海关取得的海关进口增值税专用缴款书上注明的增值税额。

（三）购进农产品，除取得增值税专用发票或者海关进口增值税专用缴款书外，按照农产品收购发票或者销售发票上注明的农产品买价和13%的扣除率计算的进项税额。进项税额计算公式：

进项税额=买价×扣除率

（四）购进或者销售货物以及在生产经营过程中支付运输费用的，按照运输费用结算单据上注明的运输费用金额和7%的扣除率计算的进项税额。进项税额计算公式：

进项税额=运输费用金额×扣除率

准予抵扣的项目和扣除率的调整，由国务院决定。

第九条 纳税人购进货物或者应税劳务，取得的增值税扣税凭证不符合法律、行政法规或者国务院税务主管部门有关规定的，其进项税额不得从销项税额中抵扣。

第十条 下列项目的进项税额不得从销项税额中抵扣：

（一）用于非增值税应税项目、免征增值税项目、集体福利或者个人消费的购进货物或者应税劳务；

（二）非正常损失的购进货物及相关的应税劳务；

（三）非正常损失的在产品、产成品所耗用的购进货物或者应税劳务；

（四）国务院财政、税务主管部门规定的纳税人自用消费品；

（五）本条第（一）项至第（四）项规定的货物的运输费用和销售免税货物的运输费用。

第十一条 小规模纳税人销售货物或者应税劳务，实行按照销售额和征收率计算应纳税额的简易办法，并不得抵扣进项税额。应纳税额计算公式：

应纳税额=销售额×征收率

小规模纳税人的标准由国务院财政、税务主管部门规定。

第十二条 小规模纳税人增值税征收率为3%。

征收率的调整，由国务院决定。

第十三条 小规模纳税人以外的纳税人应当向主管税务机关办理登记。具体登记办法由国务院税务主管部门制定。

小规模纳税人会计核算健全，能够提供准确税务资料的，可以向主管税务机关办理登记,不作为小规模纳税人,依照本条例有关规定计算应纳税额。

第十四条 纳税人进口货物,按照组成计税价格和本条例第二条规定的税率计算应纳税额。组成计税价格和应纳税额计算公式:

组成计税价格=关税完税价格+关税+消费税

应纳税额=组成计税价格×税率

第十五条 下列项目免征增值税:

(一)农业生产者销售的自产农产品;

(二)避孕药品和用具;

(三)古旧图书;

(四)直接用于科学研究、科学试验和教学的进口仪器、设备;

(五)外国政府、国际组织无偿援助的进口物资和设备;

(六)由残疾人的组织直接进口供残疾人专用的物品;

(七)销售的自己使用过的物品。

除前款规定外,增值税的免税、减税项目由国务院规定。任何地区、部门均不得规定免税、减税项目。

第十六条 纳税人兼营免税、减税项目的,应当分别核算免税、减税项目的销售额;未分别核算销售额的,不得免税、减税。

第十七条 纳税人销售额未达到国务院财政、税务主管部门规定的增值税起征点的,免征增值税;达到起征点的,依照本条例规定全额计算缴纳增值税。

第十八条 中华人民共和国境外的单位或者个人在境内提供应税劳务,在境内未设有经营机构的,以其境内代理人为扣缴义务人;在境内没有代理人的,以购买方为扣缴义务人。

第十九条 增值税纳税义务发生时间:

(一)销售货物或者应税劳务,为收讫销售款项或者取得索取销售款项凭据的当天;先开具发票的,为开具发票的当天。

(二)进口货物,为报关进口的当天。

增值税扣缴义务发生时间为纳税人增值税纳税义务发生的当天。

第二十条 增值税由税务机关征收,进口货物的增值税由海关代征。

个人携带或者邮寄进境自用物品的增值税,连同关税一并计征。具体办法由国务院关税税则委员会会同有关部门制定。

第二十一条 纳税人销售货物或者应税劳务,应当向索取增值税专用发票的购买方开具增值税专用发票,并在增值税专用发票上分别注明销售额和销项税额。

属于下列情形之一的,不得开具增值税专用发票:

(一)向消费者个人销售货物或者应税劳务的;

(二)销售货物或者应税劳务适用免税规定的;

(三)小规模纳税人销售货物或者应税劳务的。

第二十二条 增值税纳税地点:

(一)固定业户应当向其机构所在地的主管税务机关申报纳税。总机构和分支机构不在同一县(市)的,应当分别向各自所在地的主管税务机关申报纳税;经国务院财政、税务主管部门或者其授权的财政、税务机关批准,可以由总机构汇总向总机构所在地的主管税务机关申报纳税。

(二)固定业户到外县(市)销售货物或者应税劳务,应当向其机构所在地的主管税务机关申请开具外出经营活动税收管理证明,并向其机构所在地的主管税务机关申报纳税;未开具证明的,应当向销售地或者劳务发生地的主管税务机关申报纳税;未向销售地或者劳务发生地的主管税务机关申报纳税的,由其机构所在地的主管税务机关补征税款。

(三)非固定业户销售货物或者应税劳务,应当向销售地或者劳务发生地的主管税务机关申报纳税;未向销售地或者劳务发生地的主管税务机关申报纳税的,由其机构所在地或者居住地的主管税务机关补征税款。

(四)进口货物,应当向报关地海关申报纳税。

扣缴义务人应当向其机构所在地或者居住地的主管税务机关申报缴纳其扣缴的税款。

第二十三条 增值税的纳税期限分别为1日、3日、5日、10日、15日、1个月或者1个季度。纳税人的具体纳税期限,由主管税务机关根据纳税人应纳税额的大小分别核定;不能按照固定期限纳税的,可以按次纳税。

纳税人以1个月或者1个季度为1个纳税期的,自期满之日起15日内申报纳税;以1日、3日、5日、10日或者15日为1个纳税期的,自期满之日起5日内预缴税款,于次月1日起15日内申报纳税并结清上月应纳税款。

扣缴义务人解缴税款的期限,依照前两款规定执行。

第二十四条 纳税人进口货物,应当自海关填发海关进口增值税专用缴款书之日起15日内缴纳税款。

第二十五条 纳税人出口货物适用退(免)税规定的,应当向海关办理出口手续,凭出口报关单等有关凭证,在规定的出口退(免)税申报期内按月向主管税务机关申报办理该项出口货物的退(免)税。具体办法由国务院财政、税务主管部门制定。

出口货物办理退税后发生退货或者退关的,纳税人应当依法补缴已退的税款。

第二十六条 增值税的征收管理,依照《中华人民共和国税收征收管理法》及本条例有关规定执行。

第二十七条 本条例自2009年1月1日起施行。

中华人民共和国增值税
暂行条例实施细则

中华人民共和国财政部令
第65号

《关于修改〈中华人民共和国增值税暂行条例实施细则〉和〈中华人民共和国营业税暂行条例实施细则〉的决定》已经财政部、国家税务总局审议通过,现予公布,自2011年11月1日起施行。

二〇一一年十月二十八日

(2008年12月18日财政部、国家税务总局令第50号公布,根据2011年10月28日《关于修改〈中华人民共和国增值税暂行条例实施细则〉和〈中华人民共和国营业税暂行条例实施细则〉的决定》修订)

第一条 根据《中华人民共和国增值税暂行条例》(以下简称条例),制定本细则。

第二条 条例第一条所称货物,是指有形动产,包括电力、热力、气体在内。

条例第一条所称加工,是指受托加工货物,即委托方提供原料及主要材料,受托方按照委托方的要求,制造货物并收取加工费的业务。

条例第一条所称修理修配,是指受托对损伤和丧失功能的货物进行修复,使其恢复原状和功能的业务。

第三条 条例第一条所称销售货物,是指有偿转让货物的所有权。

条例第一条所称提供加工、修理修配劳务(以下称应税劳务),是指有偿提供加工、修理修配劳务。单位或者个体工商户聘用的员工为本单位或者雇主提供加工、修理修配劳务,不包括在内。

本细则所称有偿,是指从购买方取得货币、货物或者其他经济利益。

第四条 单位或者个体工商户的下列行为,视同销售货物:

(一)将货物交付其他单位或者个人代销;

(二)销售代销货物;

(三)设有两个以上机构并实行统一核算的纳税人,将货物从一个机构移送其他机构用于销售,但相关机构设在同一县(市)的除外;

中华人民共和国增值税暂行条例实施细则

中华人民共和国增值税暂行条例实施细则

(四)将自产或者委托加工的货物用于非增值税应税项目;

(五)将自产、委托加工的货物用于集体福利或者个人消费;

(六)将自产、委托加工或者购进的货物作为投资,提供给其他单位或者个体工商户;

(七)将自产、委托加工或者购进的货物分配给股东或者投资者;

(八)将自产、委托加工或者购进的货物无偿赠送其他单位或者个人。

第五条 一项销售行为如果既涉及货物又涉及非增值税应税劳务,为混合销售行为。除本细则第六条的规定外,从事货物的生产、批发或者零售的企业、企业性单位和个体工商户的混合销售行为,视为销售货物,应当缴纳增值税;其他单位和个人的混合销售行为,视为销售非增值税应税劳务,不缴纳增值税。

本条第一款所称非增值税应税劳务,是指属于应缴营业税的交通运输业、建筑业、金融保险业、邮电通信业、文化体育业、娱乐业、服务业税目征收范围的劳务。

本条第一款所称从事货物的生产、批发或者零售的企业、企业性单位和个体工商户,包括以从事货物的生产、批发或者零售为主,并兼营非增值税应税劳务的单位和个体工商户在内。

第六条 纳税人的下列混合销售行为,应当分别核算货物的销售额和非增值税应税劳务的营业额,并根据其销售货物的销售额计算缴纳增值税,非增值税应税劳务的营业额不缴纳增值税;未分别核算的,由主管税务机关核定其货物的销售额:

(一)销售自产货物并同时提供建筑业劳务的行为;

(二)财政部、国家税务总局规定的其他情形。

第七条 纳税人兼营非增值税应税项目的,应分别核算货物或者应税劳务的销售额和非增值税应税项目的营业额;未分别核算的,由主管税务机关核定货物或者应税劳务的销售额。

第八条 条例第一条所称在中华人民共和国境内(以下简称境内)销售货物或者提供加工、修理修配劳务,是指:

(一)销售货物的起运地或者所在地在境内;

(二)提供的应税劳务发生在境内。

第九条 条例第一条所称单位,是指企业、行政单位、事业单位、军事单位、社会团体及其他单位。

条例第一条所称个人,是指个体工商户和其他个人。

第十条 单位租赁或者承包给其他单位或者个人经营的,以承租人或者承包人为纳税人。

第十一条 小规模纳税人以外的纳税人(以下称一般纳税人)因销售货物退回或者折让而退还给购买方的增值税额,应从发生销售货物退回或者折让当期的销项税额中扣减;因购进货物退出或者折让而收回的增值税额,应从发生购进货物退出或者折让当期的进项税额中扣减。

一般纳税人销售货物或者应税劳务,开具增值税专用发票后,发生销售货物退回或者折让、开票有误等情形,应按国家税务总局的规定开具红字增值税专用发票。未按规定开具红字增值税专用发票的,增值税额不得从销项税额中扣减。

第十二条 条例第六条第一款所称价外费用,包括价外向购买方收取的手续费、补贴、基金、集资费、返还利润、奖励费、违约金、滞纳金、延期付款利息、赔偿金、代收款项、代垫款项、包装费、包装物租金、储备费、优质费、运输装卸费以及其他各种性质的价外收费。但下列项目不包括在内:

（一）受托加工应征消费税的消费品所代收代缴的消费税。
（二）同时符合以下条件的代垫运输费用：
1. 承运部门的运输费用发票开具给购买方的；
2. 纳税人将该项发票转交给购买方的。
（三）同时符合以下条件代为收取的政府性基金或者行政事业性收费：
1. 由国务院或者财政部批准设立的政府性基金，由国务院或者省级人民政府及其财政、价格主管部门批准设立的行政事业性收费；
2. 收取时开具省级以上财政部门印制的财政票据；
3. 所收款项全额上缴财政。
（四）销售货物的同时代办保险等而向购买方收取的保险费，以及向购买方收取的代购买方缴纳的车辆购置税、车辆牌照费。

第十三条 混合销售行为依照本细则第五条规定应当缴纳增值税的，其销售额为货物的销售额与非增值税应税劳务营业额的合计。

第十四条 一般纳税人销售货物或者应税劳务，采用销售额和销项税额合并定价方法的，按下列公式计算销售额：

销售额＝含税销售额÷（1＋税率）

第十五条 纳税人按人民币以外的货币结算销售额的，其销售额的人民币折合率可以选择销售额发生的当天或者当月1日的人民币汇率中间价。纳税人应在事先确定采用何种折合率，确定后1年内不得变更。

第十六条 纳税人有条例第七条所称价格明显偏低并无正当理由或者有本细则第四条所列视同销售货物行为而无销售额者，按下列顺序确定销售额：
（一）按纳税人最近时期同类货物的平均销售价格确定。
（二）按其他纳税人最近时期同类货物的平均销售价格确定。
（三）按组成计税价格确定。组成计税价格的公式为：

组成计税价格＝成本×（1＋成本利润率）

属于应征消费税的货物，其组成计税价格中应加计消费税额。

公式中的成本是指：销售自产货物的为实际生产成本，销售外购货物的为实际采购成本。公式中的成本利润率由国家税务总局确定。

第十七条 条例第八条第二款第（三）项所称买价，包括纳税人购进农产品在农产品收购发票或者销售发票上注明的价款和按规定缴纳的烟叶税。

第十八条　条例第八条第二款第（四）项所称运输费用金额，是指运输费用结算单据上注明的运输费用（包括铁路临管线及铁路专线运输费用）、建设基金，不包括装卸费、保险费等其他杂费。

第十九条　条例第九条所称增值税扣税凭证，是指增值税专用发票、海关进口增值税专用缴款书、农产品收购发票和农产品销售发票以及运输费用结算单据。

第二十条　混合销售行为依照本细则第五条规定应当缴纳增值税的，该混合销售行为所涉及的非增值税应税劳务所用购进货物的进项税额，符合条例第八条规定的，准予从销项税额中抵扣。

第二十一条　条例第十条第（一）项所称购进货物，不包括既用于增值税应税项目（不含免征增值税项目）也用于非增值税应税项目、免征增值税（以下简称免税）项目、集体福利或者个人消费的固定资产。

前款所称固定资产，是指使用期限超过12个月的机器、机械、运输工具以及其他与生产经营有关的设备、工具、器具等。

第二十二条　条例第十条第（一）项所称个人消费包括纳税人的交际应酬消费。

第二十三条　条例第十条第（一）项和本细则所称非增值税应税项目，是指提供非增值税应税劳务、转让无形资产、销售不动产和不动产在建工程。

前款所称不动产是指不能移动或者移动后会引起性质、形状改变的财产，包括建筑物、构筑物和其他土地附着物。

纳税人新建、改建、扩建、修缮、装饰不动产，均属于不动产在建工程。

第二十四条　条例第十条第（二）项所称非正常损失，是指因管理不善造成被盗、丢失、霉烂变质的损失。

第二十五条　纳税人自用的应征消费税的摩托车、汽车、游艇，其进项税额不得从销项税额中抵扣。

第二十六条　一般纳税人兼营免税项目或者非增值税应税劳务而无法划分不得抵扣的进项税额的，按下列公式计算不得抵扣的进项税额：

不得抵扣的进项税额＝当月无法划分的全部进项税额×当月免税项目销售额、非增值税应税劳务营业额合计÷当月全部销售额、营业额合计

第二十七条　已抵扣进项税额的购进货物或者应税劳务，发生条例第

十条规定的情形的（免税项目、非增值税应税劳务除外），应当将该项购进货物或者应税劳务的进项税额从当期的进项税额中扣减；无法确定该项进项税额的，按当期实际成本计算应扣减的进项税额。

第二十八条 条例第十一条所称小规模纳税人的标准为：

（一）从事货物生产或者提供应税劳务的纳税人，以及以从事货物生产或者提供应

中华人民共和国增值税暂行条例实施细则

中华人民共和国增值税暂行条例实施细则

税劳务为主，并兼营货物批发或者零售的纳税人，年应征增值税销售额（以下简称应税销售额）在50万元以下（含本数，下同）的；

（二）除本条第一款第（一）项规定以外的纳税人，年应税销售额在80万元以下的。

本条第一款所称以从事货物生产或者提供应税劳务为主，是指纳税人的年货物生产或者提供应税劳务的销售额占年应税销售额的比重在50%以上。

第二十九条 年应税销售额超过小规模纳税人标准的其他个人按小规模纳税人纳税；非企业性单位、不经常发生应税行为的企业可选择按小规模纳税人纳税。

第三十条 小规模纳税人的销售额不包括其应纳税额。

小规模纳税人销售货物或者应税劳务采用销售额和应纳税额合并定价方法的，按下列公式计算销售额：

销售额＝含税销售额÷（1+征收率）

第三十一条 小规模纳税人因销售货物退回或者折让退还给购买方的销售额，应从发生销售货物退回或者折让当期的销售额中扣减。

第三十二条 条例第十三条和本细则所称会计核算健全，是指能够按照国家统一的会计制度规定设置账簿，根据合法、有效凭证核算。

第三十三条 除国家税务总局另有规定外，纳税人一经认定为一般纳税人后，不得转为小规模纳税人。

第三十四条 有下列情形之一者，应按销售额依照增值税税率计算应纳税额，不得抵扣进项税额，也不得使用增值税专用发票：

（一）一般纳税人会计核算不健全，或者不能够提供准确税务资料的；

（二）除本细则第二十九条规定外，纳税人销售额超过小规模纳税人

标准，未申请办理一般纳税人认定手续的。

第三十五条 条例第十五条规定的部分免税项目的范围，限定如下：

（一）第一款第（一）项所称农业，是指种植业、养殖业、林业、牧业、水产业。

农业生产者，包括从事农业生产的单位和个人。

农产品，是指初级农产品，具体范围由财政部、国家税务总局确定。

（二）第一款第（三）项所称古旧图书，是指向社会收购的古书和旧书。

（三）第一款第（七）项所称自己使用过的物品，是指其他个人自己使用过的物品。

第三十六条 纳税人销售货物或者应税劳务适用免税规定的，可以放弃免税，依照条例的规定缴纳增值税。放弃免税后，36个月内不得再申请免税。

第三十七条 增值税起征点的适用范围限于个人。

增值税起征点的幅度规定如下：

（一）销售货物的，为月销售额 5000-20000 元；

（二）销售应税劳务的，为月销售额 5000-20000 元；

（三）按次纳税的，为每次（日）销售额 300-500 元。

前款所称销售额，是指本细则第三十条第一款所称小规模纳税人的销售额。

省、自治区、直辖市财政厅（局）和国家税务局应在规定的幅度内，根据实际情况确定本地区适用的起征点，并报财政部、国家税务总局备案。

第三十八条 条例第十九条第一款第（一）项规定的收讫销售款项或者取得索取销售款项凭据的当天，按销售结算方式的不同，具体为：

（一）采取直接收款方式销售货物，不论货物是否发出，均为收到销售款或者取得索取销售款凭据的当天。

（二）采取托收承付和委托银行收款方式销售货物，为发出货物并办妥托收手续的当天。

（三）采取赊销和分期收款方式销售货物，为书面合同约定的收款日期的当天，无书面合同的或者书面合同没有约定收款日期的，为货物发出的当天。

（四）采取预收货款方式销售货物，为货物发出的当天，但生产销售生产工期超过 12 个月的大型机械设备、船舶、飞机等货物，为收到预收款或者书面合同约定的收款日期的当天。

（五）委托其他纳税人代销货物，为收到代销单位的代销清单或者收到全部或者部分货款的当天。未收到代销清单及货款的，为发出代销货物满 180 天的当天。

（六）销售应税劳务，为提供劳务同时收讫销售款或者取得索取销售款的凭据的当天。

（七）纳税人发生本细则第四条第（三）项至第（八）项所列视同销售货物行为，为货物移送的当天。

第三十九条 条例第二十三条以 1 个季度为纳税期限的规定仅适用于小规模纳税人。小规模纳税人的具体纳税期限，由主管税务机关根据其应纳税额的大小分别核定。

第四十条 本细则自 2009 年 1 月 1 日起施行。

增值税专用发票使用规定

国家税务总局关于修订《增值税专用
发票使用规定》的通知
国税发〔2006〕156 号

各省、自治区、直辖市和计划单列市国家税务局：

为适应增值税专用发票管理需要，规范增值税专用发票使用，进一步加强增值税征收管理，在广泛征求意见的基础上，国家税务总局对现行的《增值税专用发票使用规定》进行了修订。现将修订后的《增值税专用发票使用规定》印发给你们，自 2007 年 1 月 1 日起施行。

各级税务机关应做好宣传工作，加强对税务人员和纳税人的培训，确保新规定贯彻执行到位。执行中如有问题，请及时报告总局（流转税管理司）。

国家税务总局
二〇〇六年十月十七日

第一条 为加强增值税征收管理,规范增值税专用发票(以下简称专用发票)使用行为,根据《中华人民共和国增值税暂行条例》及其实施细则和《中华人民共和国税收征收管理法》及其实施细则,制定本规定。

第二条 专用发票,是增值税一般纳税人(以下简称一般纳税人)销售货物或者提供应税劳务开具的发票,是购买方支付增值税额并可按照增值税有关规定据以抵扣增值税进项税额的凭证。

第三条 一般纳税人应通过增值税防伪税控系统(以下简称防伪税控系统)使用专用发票。使用,包括领购、开具、缴销、认证纸质专用发票及其相应的数据电文。

本规定所称防伪税控系统,是指经国务院同意推行的,使用专用设备和通用设备、运用数字密码和电子存储技术管理专用发票的计算机管理系统。

本规定所称专用设备,是指金税卡、IC卡、读卡器和其他设备。

本规定所称通用设备,是指计算机、打印机、扫描器具和其他设备。

第四条 专用发票由基本联次或者基本联次附加其他联次构成,基本联次为三联:发票联、抵扣联和记账联。发票联,作为购买方核算采购成本和增值税进项税额的记账凭证;抵扣联,作为购买方报送主管税务机关认证和留存备查的凭证;记账联,作为销售方核算销售收入和增值税销项税额的记账凭证。其他联次用途,由一般纳税人自行确定。

第五条 专用发票实行最高开票限额管理。最高开票限额,是指单份专用发票开具的销售额合计数不得达到的上限额度。

最高开票限额由一般纳税人申请,税务机关依法审批。最高开票限额为十万元及以下的,由区县级税务机关审批;最高开票限额为一百万元的,由地市级税务机关审批;最高开票限额为一千万元及以上的,由省级税务机关审批。防伪税控系统的具体发行工作由区县级税务机关负责。

税务机关审批最高开票限额应进行实地核查。批准使用最高开票限额为十万元及以下的,由区县级税务机关派人实地核查;批准使用最高开票限额为一百万元的,由地市级税务机关派人实地核查;批准使用最高开票限额为一千万元及以上的,由地市级税务机关派人实地核查后将核查资料报省级税务机关审核。

一般纳税人申请最高开票限额时,需填报《最高开票限额申请表》。

第六条 一般纳税人领购专用设备后,凭《最高开票限额申请表》、《发票领购簿》到主管税务机关办理初始发行。

本规定所称初始发行,是指主管税务机关将一般纳税人的下列信息载入空白金税卡和IC卡的行为。

(一) 企业名称;

(二) 税务登记代码;

(三) 开票限额;

(四) 购票限量;

(五) 购票人员姓名、密码;

(六) 开票机数量;

(七) 国家税务总局规定的其他信息。

一般纳税人发生上列第一、三、四、五、六、七项信息变化,应向主管税务机关申请变更发行;发生第二项信息变化,应向主管税务机关申请注销发行。

第七条 一般纳税人凭《发票领购簿》、IC卡和经办人身份证明领购专用发票。

第八条 一般纳税人有下列情形之一的,不得领购开具专用发票:

(一) 会计核算不健全,不能向税务机关准确提供增值税销项税额、进项税额、应纳税额数据及其他有关增值税税务资料的。上列其他有关增值税税务资料的内容,由省、自治区、直辖市和计划单列市国家税务局确定。

(二) 有《税收征管法》规定的税收违法行为,拒不接受税务机关处理的。

(三) 有下列行为之一,经税务机关责令限期改正而仍未改正的:

1. 虚开增值税专用发票;

2. 私自印制专用发票;

3. 向税务机关以外的单位和个人买取专用发票;

4. 借用他人专用发票;

5. 未按本规定第十一条开具专用发票;

6. 未按规定保管专用发票和专用设备;

7. 未按规定申请办理防伪税控系统变更发行;

8. 未按规定接受税务机关检查。

有上列情形的,如已领购专用发票,主管税务机关应暂扣其结存的专用发票和 IC 卡。

第九条 有下列情形之一的,为本规定第八条所称未按规定保管专用发票和专用设备:

(一) 未设专人保管专用发票和专用设备;

(二) 未按税务机关要求存放专用发票和专用设备;

(三) 未将认证相符的专用发票抵扣联、《认证结果通知书》和《认证结果清单》装订成册;

(四) 未经税务机关查验,擅自销毁专用发票基本联次。

第十条 一般纳税人销售货物或者提供应税劳务,应向购买方开具专用发票。

商业企业一般纳税人零售的烟、酒、食品、服装、鞋帽(不包括劳保专用部分)、化妆品等消费品不得开具专用发票。

增值税小规模纳税人(以下简称小规模纳税人)需要开具专用发票的,可向主管税务机关申请代开。

销售免税货物不得开具专用发票,法律、法规及国家税务总局另有规定的除外。

第十一条 专用发票应按下列要求开具:

(一) 项目齐全,与实际交易相符;

(二) 字迹清楚,不得压线、错格;

(三) 发票联和抵扣联加盖财务专用章或者发票专用章;

(四) 按照增值税纳税义务的发生时间开具。

对不符合上列要求的专用发票,购买方有权拒收。

第十二条 一般纳税人销售货物或者提供应税劳务可汇总开具专用发票。汇总开具专用发票的,同时使用防伪税控系统开具《销售货物或者提供应税劳务清单》,并加盖财务专用章或者发票专用章。

第十三条 一般纳税人在开具专用发票当月,发生销货退回、开票有误等情形,收到退回的发票联、抵扣联符合作废条件的,按作废处理;开具时发现有误的,可即时作废。

作废专用发票须在防伪税控系统中将相应的数据电文按"作废"处理,在纸质专用发票(含未打印的专用发票)各联次上注明"作废"字样,全联次留存。

第十四条 一般纳税人取得专用发票后,发生销货退回、开票有误等情形但不符合作废条件的,或者因销货部分退回及发生销售折让的,购买方应向主管税务机关填报《开具红字增值税专用发票申请单》（以下简称《申请单》）。

《申请单》所对应的蓝字专用发票应经税务机关认证。

经认证结果为"认证相符"并且已经抵扣增值税进项税额的，一般纳税人在填报《申请单》时不填写相对应的蓝字专用发票信息。

经认证结果为"纳税人识别号认证不符"、"专用发票代码、号码认证不符"的，一般纳税人在填报《申请单》时应填写相对应的蓝字专用发票信息。

第十五条 《申请单》一式两联：第一联由购买方留存；第二联由购买方主管税务机关留存。

《申请单》应加盖一般纳税人财务专用章。

第十六条 主管税务机关对一般纳税人填报的《申请单》进行审核后，出具《开具红字增值税专用发票通知单》（以下简称《通知单》）。《通知单》应与《申请单》一一对应。

第十七条 《通知单》一式三联：第一联由购买方主管税务机关留存；第二联由购买方送交销售方留存；第三联由购买方留存。

《通知单》应加盖主管税务机关印章。

《通知单》应按月依次装订成册，并比照专用发票保管规定管理。

第十八条 购买方必须暂依《通知单》所列增值税税额从当期进项税额中转出，未抵扣增值税进项税额的可列入当期进项税额，待取得销售方开具的红字专用发票后，与留存的《通知单》一并作为记账凭证。属于本规定第十四条第四款所列情形的，不作进项税额转出。

第十九条 销售方凭购买方提供的《通知单》开具红字专用发票，在防伪税控系统中以销项负数开具。

红字专用发票应与《通知单》一一对应。

第二十条 同时具有下列情形的，为本规定所称作废条件：

（一）收到退回的发票联、抵扣联时间未超过销售方开票当月；

（二）销售方未抄税并且未记账；

（三）购买方未认证或者认证结果为"纳税人识别号认证不符"、"专用发票代码、号码认证不符"。

本规定所称抄税，是报税前用 IC 卡或者 IC 卡和软盘抄取开票数据电文。

第二十一条 一般纳税人开具专用发票应在增值税纳税申报期内向主

管税务机关报税,在申报所属月份内可分次向主管税务机关报税。

本规定所称报税,是纳税人持IC卡或者IC卡和软盘向税务机关报送开票数据电文。

第二十二条 因IC卡、软盘质量等问题无法报税的,应更换IC卡、软盘。

因硬盘损坏、更换金税卡等原因不能正常报税的,应提供已开具未向税务机关报税的专用发票记账联原件或者复印件,由主管税务机关补采开票数据。

第二十三条 一般纳税人注销税务登记或者转为小规模纳税人,应将专用设备和结存未用的纸质专用发票送交主管税务机关。

主管税务机关应缴销其专用发票,并按有关安全管理的要求处理专用设备。

第二十四条 本规定第二十三条所称专用发票的缴销,是指主管税务机关在纸质专用发票监制章处按"V"字剪角作废,同时作废相应的专用发票数据电文。

被缴销的纸质专用发票应退还纳税人。

第二十五条 用于抵扣增值税进项税额的专用发票应经税务机关认证相符(国家税务总局另有规定的除外)。认证相符的专用发票应作为购买方的记账凭证,不得退还销售方。

本规定所称认证,是税务机关通过防伪税控系统对专用发票所列数据的识别、确认。

本规定所称认证相符,是指纳税人识别号无误,专用发票所列密文解译后与明文一致。

第二十六条 经认证,有下列情形之一的,不得作为增值税进项税额的抵扣凭证,税务机关退还原件,购买方可要求销售方重新开具专用发票。

(一)无法认证。

本规定所称无法认证,是指专用发票所列密文或者明文不能辨认,无法产生认证结果。

(二)纳税人识别号认证不符。

本规定所称纳税人识别号认证不符,是指专用发票所列购买方纳税人识别号有误。

(三)专用发票代码、号码认证不符。

本规定所称专用发票代码、号码认证不符，是指专用发票所列密文解译后与明文的代码或者号码不一致。

第二十七条　经认证，有下列情形之一的，暂不得作为增值税进项税额的抵扣凭证，税务机关扣留原件，查明原因，分别情况进行处理。

（一）重复认证。

本规定所称重复认证，是指已经认证相符的同一张专用发票再次认证。

（二）密文有误。

本规定所称密文有误，是指专用发票所列密文无法解译。

（三）认证不符。

本规定所称认证不符，是指纳税人识别号有误，或者专用发票所列密文解译后与明文不一致。

本项所称认证不符不含第二十六条第二项、第三项所列情形。

（四）列为失控专用发票。

本规定所称列为失控专用发票，是指认证时的专用发票已被登记为失控专用发票。

第二十八条　一般纳税人丢失已开具专用发票的发票联和抵扣联，如果丢失前已认证相符的，购买方凭销售方提供的相应专用发票记账联复印件及销售方所在地主管税务机关出具的《丢失增值税专用发票已报税证明单》，经购买方主管税务机关审核同意后，可作为增值税进项税额的抵扣凭证；如果丢失前未认证的，购买方凭销售方提供的相应专用发票记账联复印件到主管税务机关进行认证，认证相符的凭该专用发票记账联复印件及销售方所在地主管税务机关出具的《丢失增值税专用发票已报税证明单》，经购买方主管税务机关审核同意后，可作为增值税进项税额的抵扣凭证。

一般纳税人丢失已开具专用发票的抵扣联，如果丢失前已认证相符的，可使用专用发票发票联复印件留存备查；如果丢失前未认证的，可使用专用发票发票联到主管税务机关认证，专用发票发票联复印件留存备查。

一般纳税人丢失已开具专用发票的发票联，可将专用发票抵扣联作为记账凭证，专用发票抵扣联复印件留存备查。

第二十九条　专用发票抵扣联无法认证的，可使用专用发票发票联到主管税务机关认证。专用发票发票联复印件留存备查。

第三十条　本规定自2007年1月1日施行,《国家税务总局关于印发〈增值税专用发票使用规定〉的通知》(国税发〔1993〕150号)、《国家税务总局关于增值税专用发票使用问题的补充通知》(国税发〔1994〕056号)、《国家税务总局关于由税务所为小规模企业代开增值税专用发票的通知》(国税发〔1994〕058号)、《国家税务总局关于印发〈关于商业零售企业开具增值税专用发票的通告〉的通知》(国税发〔1994〕081号)、《国家税务总局关于修改〈国家税务总局关于严格控制增值税专用发票使用范围的通知〉的通知》(国税发〔2000〕075号)、《国家税务总局关于加强防伪税控开票系统最高开票限额管理的通知》(国税发明电〔2001〕57号)、《国家税务总局关于增值税一般纳税人丢失防伪税控系统开具的增值税专用发票有关税务处理问题的通知》(国税发〔2002〕010号)、《国家税务总局关于进一步加强防伪税控开票系统最高开票限额管理的通知》(国税发明电〔2002〕33号)同时废止。以前有关政策规定与本规定不一致的,以本规定为准。

适用增值税零税率应税服务退（免）税管理办法

国家税务总局关于发布《适用增值税
零税率应税服务退（免）税管理办法》的公告
国家税务总局公告2014年第11号

为落实营业税改征增值税有关应税服务适用增值税零税率的政策规定,经商财政部同意,国家税务总局制定了《适用增值税零税率应税服务退（免）税管理办法》。现予以发布,自2014年1月1日起施行。《国家税务总局关于发布〈适用增值税零税率应税服务退（免）税管理办法（暂行）〉的公告》(国家税务总局公告2013年第47号)同时废止。

特此公告。

附件：1.增值税零税率应税服务（国际运输/港澳台运输）免抵退税申报明细表

2. 航空国际运输收入清算账单申报明细表

3. 铁路国际客运收入清算函件申报明细表

4. 增值税零税率应税服务（航天运输）免抵退税申报明细表

5. 提供航天运输服务收讫营业款明细清单

6. 增值税零税率应税服务（研发服务/设计服务）免抵退税申报明细表

7. 向境外单位提供研发服务/设计服务收讫营业款明细清单

8. 外贸企业外购应税服务（研发服务/设计服务）出口明细申报表

9. 放弃适用增值税零税率声明

国家税务总局
2014年2月8日

第一条 中华人民共和国境内（以下简称境内）的增值税一般纳税人提供适用增值税零税率的应税服务，实行增值税退（免）税办法。

第二条 本办法所称的增值税零税率应税服务提供者是指，提供适用增值税零税率应税服务，且认定为增值税一般纳税人，实行增值税一般计税方法的境内单位和个人。属于汇总缴纳增值税的，为经财政部和国家税务总局批准的汇总缴纳增值税的总机构。

第三条 增值税零税率应税服务适用范围按财政部、国家税务总局的规定执行。

起点或终点在境外的运单、提单或客票所对应的各航段或路段的运输服务，属于国际运输服务。

起点或终点在港澳台的运单、提单或客票所对应的各航段或路段的运输服务，属于港澳台运输服务。

从境内载运旅客或货物至国内海关特殊监管区域及场所、从国内海关特殊监管区域及场所载运旅客或货物至国内其他地区或者国内海关特殊监管区域及场所，以及向国内海关特殊监管区域及场所内单位提供的研发服务、设计服务，不属于增值税零税率应税服务适用范围。

第四条 增值税零税率应税服务退（免）税办法包括免抵退税办法和免退税办法，具体办法及计算公式按《财政部 国家税务总局关于出口货物劳务增值税和消费税政策的通知》（财税〔2012〕39号）有关出口货物劳务退（免）税的规定执行。

实行免抵退税办法的增值税零税率应税服务提供者如果同时出口货物劳务且未分别核算的，应一并计算免抵退税。税务机关在审批时，应按照增值税零税率应税服务、出口货物劳务免抵退税额的比例划分其退税额和免抵税额。

第五条 增值税零税率应税服务的退税率为对应服务提供给境内单位适用的增值税税率。

第六条 增值税零税率应税服务的退（免）税计税依据，按照下列规定确定：

（一）实行免抵退税办法的退（免）税计税依据

1. 以铁路运输方式载运旅客的，为按照铁路合作组织清算规则清算后的实际运输收入；

2. 以铁路运输方式载运货物的，为按照铁路运输进款清算办法，对"发站"或"到站（局）"名称包含"境"字的货票上注明的运输费用以及直接相关的国际联运杂费清算后的实际运输收入；

3. 以航空运输方式载运货物或旅客的，如果国际运输或港澳台运输各航段由多个承运人承运的，为中国航空结算有限责任公司清算后的实际收入；如果国际运输或港澳台运输各航段由一个承运人承运的，为提供航空运输服务取得的收入；

4. 其他实行免抵退税办法的增值税零税率应税服务，为提供增值税零税率应税服务取得的收入。

（二）实行免退税办法的退（免）税计税依据为购进应税服务的增值税专用发票或解缴税款的中华人民共和国税收缴款凭证上注明的金额。

第七条 实行增值税退（免）税办法的增值税零税率应税服务不得开具增值税专用发票。

第八条 增值税零税率应税服务提供者办理出口退（免）税资格认定后，方可申报增值税零税率应税服务退（免）税。如果提供的适用增值税零税率应税服务发生在办理出口退（免）税资格认定前，在办理出口退（免）税资格认定后，可按规定申报退（免）税。

第九条 增值税零税率应税服务提供者应按照下列要求，向主管税务机关申请办理出口退（免）税资格认定：

（一）填报《出口退（免）税资格认定申请表》及电子数据；

《出口退（免）税资格认定申请表》中的"退税开户银行账号"，必须填写办理税务登记时向主管税务机关报备的银行账号之一。

（二）根据所提供的适用增值税零税率应税服务，提供以下对应资料的原件及复印件：

1. 提供国际运输服务。以水路运输方式的，应提供《国际船舶运输经营许可证》；以航空运输方式的，应提供经营范围包括"国际航空客货邮运输业务"的《公共航空运输企业经营许可证》或经营范围包括"公务飞行"的《通用航空经营许可证》；以公路运输方式的，应提供经营范围包括"国际运输"的《道路运输经营许可证》和《国际汽车运输行车许可证》；以铁路运输方式的，应提供经营范围包括"许可经营项目：铁路客货运输"的《企业法人营业执照》或其他具有提供铁路客货运输服务资质的证明材料；提供航天运输服务的，应提供经营范围包括"商业卫星发射服务"的《企业法人营业执照》或其他具有提供商业卫星发射服务资质的证明材料。

2. 提供港澳台运输服务。以公路运输方式提供内地往返香港、澳门的交通运输服务的，应提供《道路运输经营许可证》及持《道路运输证》的直通港澳运输车辆的物权证明；以水路运输方式提供内地往返香港、澳门交通运输服务的，应提供获得港澳线路运营许可船舶的物权证明；以水路运输方式提供大陆往返台湾交通运输服务的，应提供《台湾海峡两岸间水路运输许可证》及持《台湾海峡两岸间船舶营运证》船舶的物权证明；以航空运输方式提供港澳台运输服务的，应提供经营范围包括"国际、国内（含港澳）航空客货邮运输业务"的《公共航空运输企业经营许可证》或者经营范围包括"公务飞行"的《通用航空经营许可证》；以铁路运输方式提供内地往返香港的交通运输服务的，应提供经营范围包括"许可经营项目：铁路客货运输"的《企业法人营业执照》或其他具有提供铁路客货运输服务资质的证明材料。

3. 采用程租、期租和湿租方式租赁交通运输工具用于国际运输服务和港澳台运输服务的，应提供程租、期租和湿租合同或协议。

4. 对外提供研发服务或设计服务的，应提供《技术出口合同登记证》。

（三）增值税零税率应税服务提供者出口货物劳务，且未办理过出口退（免）税资格认定的，除提供上述资料外，还应提供加盖备案登记专用章的《对外贸易经营者备案登记表》和《中华人民共和国海关进出口货物收发货人报关注册登记证书》的原件及复印件。

第十条 已办理过出口退（免）税资格认定的出口企业，提供增值税零税率应税服务的，应填报《出口退（免）税资格认定变更申请表》及电子数据，提供第九条所列的增值税零税率应税服务对应的资料，向主管税务机关申请办理出口退（免）税资格认定变更。

第十一条 增值税零税率应税服务提供者按规定需变更增值税退（免）税办法的，主管税务机关应按照现行规定进行退（免）税清算，在结清税款后方可办理变更。

第十二条 增值税零税率应税服务提供者提供增值税零税率应税服务，应在财务作销售收入次月（按季度进行增值税纳税申报的为次季度首月，下同）的增值税纳税申报期内，向主管税务机关办理增值税纳税和退（免）税相关申报。

增值税零税率应税服务提供者收齐有关凭证后，可于在财务作销售收入次月起至次年4月30日前的各增值税纳税申报期内向主管税务机关申报退（免）税。逾期申报退（免）税的，主管税务机关不再受理。未在规定期限内申报退（免）税的增值税零税率应税服务，增值税零税率应税服务提供者应按规定缴纳增值税。

第十三条 实行免抵退税办法的增值税零税率应税服务提供者应按照下列要求向主管税务机关办理增值税免抵退税申报：

（一）填报《免抵退税申报汇总表》及其附表；

（二）提供当期《增值税纳税申报表》；

（三）提供免抵退税正式申报电子数据；

（四）提供增值税零税率应税服务所开具的发票（经主管税务机关认可，可只提供电子数据，原始凭证留存备查）；

（五）根据所提供的适用增值税零税率应税服务，提供以下对应资料凭证：

1. 提供国际运输服务、港澳台运输服务的，需填报《增值税零税率应税服务（国际运输/港澳台运输）免抵退税申报明细表》，并提供下列原始凭证的原件及复印件：

（1）以水路运输、航空运输、公路运输方式的，提供增值税零税率应税服务的载货、载客舱单或其他能够反映收入原始构成的单据凭证。以航空运输方式且国际运输和港澳台运输各航段由多个承运人承运的，还需提供《航空国际运输收入清算账单申报明细表》。

（2）以铁路运输方式的，客运的提供增值税零税率应税服务的国际客运联运票据、铁路合作组织清算函件及《铁路国际客运收入清算函件申报明细表》；货运的提供铁路进款资金清算机构出具的《国际铁路货运进款清算通知单》，启运地的铁路运输企业还应提供国际铁路联运运单、以及"发站"或"到站（局）"名称包含"境"字的货票；

（3）采用程租、期租、湿租服务方式租赁交通运输工具从事国际运输服务和港澳台运输服务的，还应提供程租、期租、湿租的合同或协议复印件。向境外单位和个人提供期租、湿租服务，按规定由出租方申报退（免）税的，可不提供第（1）项原始凭证。

上述（1）、（2）项原始凭证（不包括《航空国际运输收入清算账单申报明细表》和《铁路国际客运收入清算函件申报明细表》），经主管税务机关批准，增值税零税率应税服务提供者可只提供电子数据，原始凭证留存备查。

2. 提供航天运输服务的，需填报《增值税零税率应税服务（航天运输）免抵退税申报明细表》，并提供下列资料及原始凭证的原件及复印件：

（1）签订的提供航天运输服务的合同；

（2）从与之签订航天运输服务合同的单位取得收入的收款凭证；

（3）《提供航天运输服务收讫营业款明细清单》。

3. 对外提供研发服务或设计服务的，需填报《增值税零税率应税服务（研发服务/设计服务）免抵退税申报明细表》，并提供下列资料及原始凭证的原件及复印件：

（1）与增值税零税率应税服务收入相对应的《技术出口合同登记证》复印件；

（2）与境外单位签订的研发、设计合同；

（3）从与之签订研发、设计合同的境外单位取得收入的收款凭证；

（4）《向境外单位提供研发服务/设计服务收讫营业款明细清单》。

（六）主管税务机关要求提供的其他资料及凭证。

第十四条 实行免退税办法的增值税零税率应税服务提供者，应按照下列要求向主管税务机关办理增值税免退税申报：

（一）填报《外贸企业出口退税汇总申报表》；

（二）填报《外贸企业外购应税服务（研发服务/设计服务）出口明

细申报表》；

（三）填列外购对应的研发服务或设计服务取得增值税专用发票情况的《外贸企业出口退税进货明细申报表》；

（四）提供以下原始凭证：

1. 提供增值税零税率应税服务所开具的发票；

2. 从境内单位或者个人购进研发服务或设计服务出口的，提供应税服务提供方开具的增值税专用发票；

3. 从境外单位或者个人购进研发服务或设计服务出口的，提供取得的解缴税款的中华人民共和国税收缴款凭证；

4. 第十三条第（五）项第 3 目所列资料及原始凭证的原件及复印件。

第十五条 主管税务机关受理增值税零税率应税服务退（免）税申报后，应对下列内容人工审核无误后，使用出口退税审核系统进行审核。对属于实行免退税办法的增值税零税率应税服务的进项一律使用交叉稽核、协查信息审核出口退税。如果在审核中有疑问的，可对企业进项增值税专用发票进行发函调查或核查。

（一）提供国际运输、港澳台运输的，应从增值税零税率应税服务提供者申报中抽取若干申报记录审核以下内容：

1. 所申报的国际运输、港澳台运输服务是否符合适用增值税零税率应税服务的规定；

2. 所抽取申报记录申报应税服务收入是否小于或等于该申报记录所对应的载货或载客舱单上记载的国际运输、港澳台运输服务收入；

3. 采用期租、程租和湿租方式租赁交通运输工具用于国际运输服务和港澳台运输服务的，重点审核期租、程租和湿租的合同或协议，审核申报退（免）税的企业是否符合适用增值税零税率应税服务的规定；

4. 以铁路运输方式提供国际运输、港澳台运输服务的，重点审核提供的货票的"发站"或"到站（局）"名称是否包含"境"字，是否与提供国际铁路联运运单匹配。

（二）对外提供研发服务或设计服务的，应审核以下内容：

1. 企业所申报的研发服务或设计服务是否符合适用增值税零税率应税服务规定；

2. 研发、设计合同签订的对方是否为境外单位；

3. 应税服务收入的支付方是否为与之签订研发、设计合同的境外单位；

4. 申报应税服务收入是否小于或等于从与之签订研发、设计合同的境外单位取得的收款金额;

5. 外贸企业外购研发服务或设计服务出口的,除按照上述内容审核外,还应审核其申报退税的进项税额是否与增值税零税率应税服务对应。

第十六条 因出口自己开发的研发服务或设计服务,退(免)税办法由免退税改为免抵退税办法的外贸企业,如果申报的退(免)税异常增长,出口货物劳务及服务有非正常情况的,主管税务机关可要求外贸企业报送出口货物劳务及服务所对应的进项凭证,并按规定进行审核。主管税务机关如果审核发现外贸企业提供的进货凭证有伪造或内容不实的,按照《财政部 国家税务总局关于出口货物劳务增值税和消费税政策通知》(财税〔2012〕39号)等有关规定处理。

第十七条 主管税务机关认为增值税零税率应税服务提供者提供的研发服务或设计服务出口价格偏高的,应按照《财政部 国家税务总局关于防范税收风险若干增值税政策的通知》(财税〔2013〕112号)第五条的规定处理。

第十八条 经主管税务机关审核,增值税零税率应税服务提供者申报的退(免)税,如果凭证资料齐全、符合退(免)税规定的,主管税务机关应及时予以审核通过,办理退税和免抵调库,退税资金由中央金库统一支付。

第十九条 增值税零税率应税服务提供者骗取国家出口退税款的,税务机关应按《国家税务总局关于停止为骗取出口退税企业办理出口退税有关问题的通知》(国税发〔2008〕32号)和《财政部 国家税务总局关于防范税收风险若干增值税政策的通知》(财税〔2013〕112号)的规定处理。增值税零税率应税服务提供者在停止退税期间发生的增值税零税率应税服务,不得申报退(免)税,应按规定缴纳增值税。

第二十条 增值税零税率应税服务提供者提供适用增值税零税率的应税服务,如果放弃适用增值税零税率,选择免税或按规定缴纳增值税的,应向主管税务机关报送《放弃适用增值税零税率声明》,办理备案手续。自备案次月1日起36个月内,该企业提供的增值税零税率应税服务,不得申报增值税退(免)税。

第二十一条 主管税务机关应对增值税零税率应税服务提供者适用增值税零税率的退(免)税加强分析监控。

第二十二条 本办法要求增值税零税率应税服务提供者向主管税务机关报送的申报表电子数据应均通过出口退（免）税申报系统生成、报送。在出口退（免）税申报系统信息生成、报送功能升级完成前，涉及需报送的电子数据，可暂报送纸质资料。

出口退（免）税申报系统可从国家税务总局网站免费下载或由主管税务机关免费提供。

第二十三条 本办法要求增值税零税率应税服务提供者向主管税务机关同时提供原件和复印件的资料，增值税零税率应税服务提供者提供的复印件上应注明"与原件相符"字样，并加盖企业公章。主管税务机关在核对复印件与原件相符后，将原件退回，留存复印件。

第二十四条 本办法自 2014 年 1 月 1 日起施行，以增值税零税率应税服务提供者提供增值税零税率应税服务并在财务作销售收入的日期为准。

纳税人提供不动产经营租赁服务增值税征收管理暂行办法

国家税务总局关于发布《纳税人提供不动产经营租赁服务增值税征收管理暂行办法》的公告

国家税务总局公告 2016 年第 16 号

国家税务总局制定了《纳税人提供不动产经营租赁服务增值税征收管理暂行办法》，现予以公布，自 2016 年 5 月 1 日起施行。

特此公告。

国家税务总局

2016 年 3 月 31 日

第一条 根据《财政部 国家税务总局关于全面推开营业税改征增值税试点的通知》（财税〔2016〕36 号）及现行增值税有关规定，制定本办法。

第二条 纳税人以经营租赁方式出租其取得的不动产（以下简称出租不动产），适用本办法。

取得的不动产，包括以直接购买、接受捐赠、接受投资入股、自建以及抵债等各种形式取得的不动产。

纳税人提供道路通行服务不适用本办法。

第三条 一般纳税人出租不动产，按照以下规定缴纳增值税：

（一）一般纳税人出租其2016年4月30日前取得的不动产，可以选择适用简易计税方法，按照5%的征收率计算应纳税额。

不动产所在地与机构所在地不在同一县（市、区）的，纳税人应按照上述计税方法向不动产所在地主管国税机关预缴税款，向机构所在地主管国税机关申报纳税。

不动产所在地与机构所在地在同一县（市、区）的，纳税人向机构所在地主管国税机关申报纳税。

（二）一般纳税人出租其2016年5月1日后取得的不动产，适用一般计税方法计税。

不动产所在地与机构所在地不在同一县（市、区）的，纳税人应按照3%的预征率向不动产所在地主管国税机关预缴税款，向机构所在地主管国税机关申报纳税。

不动产所在地与机构所在地在同一县（市、区）的，纳税人应向机构所在地主管国税机关申报纳税。

一般纳税人出租其2016年4月30日前取得的不动产适用一般计税方法计税的，按照上述规定执行。

第四条 小规模纳税人出租不动产，按照以下规定缴纳增值税：

（一）单位和个体工商户出租不动产（不含个体工商户出租住房），按照5%的征收率计算应纳税额。个体工商户出租住房，按照5%的征收率减按1.5%计算应纳税额。

不动产所在地与机构所在地不在同一县（市、区）的，纳税人应按照上述计税方法向不动产所在地主管国税机关预缴税款，向机构所在地主管国税机关申报纳税。

不动产所在地与机构所在地在同一县（市、区）的，纳税人应向机构所在地主管国税机关申报纳税。

（二）其他个人出租不动产（不含住房），按照5%的征收率计算应纳税额，向不动产所在地主管地税机关申报纳税。其他个人出租住房，按照5%的征收率减按1.5%计算应纳税额，向不动产所在地主管地税机关申报纳税。

第五条 纳税人出租的不动产所在地与其机构所在地在同一直辖市或计划单列市但不在同一县（市、区）的，由直辖市或计划单列市国家税务局决定是否在不动产所在地预缴税款。

第六条 纳税人出租不动产，按照本办法规定需要预缴税款的，应在取得租金的次月纳税申报期或不动产所在地主管国税机关核定的纳税期限预缴税款。

第七条 预缴税款的计算

（一）纳税人出租不动产适用一般计税方法计税的，按照以下公式计算应预缴税款：

应预缴税款＝含税销售额÷（1+11%）×3%

（二）纳税人出租不动产适用简易计税方法计税的，除个人出租住房外，按照以下公式计算应预缴税款：

应预缴税款＝含税销售额÷（1+5%）×5%

（三）个体工商户出租住房，按照以下公式计算应预缴税款：

应预缴税款＝含税销售额÷（1+5%）×1.5%

第八条 其他个人出租不动产，按照以下公式计算应纳税款：

（一）出租住房：

应纳税款＝含税销售额÷（1+5%）×1.5%

（二）出租非住房：

应纳税款＝含税销售额÷（1+5%）×5%

第九条 单位和个体工商户出租不动产，按照本办法规定向不动产所在地主管国税机关预缴税款时，应填写《增值税预缴税款表》。

第十条 单位和个体工商户出租不动产，向不动产所在地主管国税机关预缴的增值税款，可以在当期增值税应纳税额中抵减，抵减不完的，结转下期继续抵减。

纳税人以预缴税款抵减应纳税额，应以完税凭证作为合法有效凭证。

第十一条 小规模纳税人中的单位和个体工商户出租不动产，不能自行开具增值税发票的，可向不动产所在地主管国税机关申请代开增值税发票。

其他个人出租不动产，可向不动产所在地主管地税机关申请代开增值税发票。

第十二条 纳税人向其他个人出租不动产，不得开具或申请代开增值税专用发票。

第十三条 纳税人出租不动产,按照本办法规定应向不动产所在地主管国税机关预缴税款而自应当预缴之月起超过6个月没有预缴税款的,由机构所在地主管国税机关按照《中华人民共和国税收征收管理法》及相关规定进行处理。

纳税人出租不动产,未按照本办法规定缴纳税款的,由主管税务机关按照《中华人民共和国税收征收管理法》及相关规定进行处理。

增值税会计处理规定

财政部关于印发《增值税会计处理规定》的通知

财会〔2016〕22号

国务院有关部委,有关中央管理企业,各省、自治区、直辖市、计划单列市财政厅(局),新疆生产建设兵团财务局,财政部驻各省、自治区、直辖市、计划单列市财政监察专员办事处:

为进一步规范增值税会计处理,促进《关于全面推开营业税改征增值税试点的通知》(财税〔2016〕36号)的贯彻落实,我们制定了《增值税会计处理规定》,现印发给你们,请遵照执行。

中华人民共和国财政部

2016年12月3日

根据《中华人民共和国增值税暂行条例》和《关于全面推开营业税改征增值税试点的通知》(财税〔2016〕36号)等有关规定,现对增值税有关会计处理规定如下:

一、会计科目及专栏设置

增值税一般纳税人应当在"应交税费"科目下设置"应交增值税"、"未交增值税"、"预交增值税"、"待抵扣进项税额"、"待认证进项税额"、"待转销项税额"、"增值税留抵税额"、"简易计税"、"转让金融商品应交增值税"、"代扣代交增值税"等明细科目。

(一)增值税一般纳税人应在"应交增值税"明细账内设置"进项税额"、"销项税额抵减"、"已交税金"、"转出未交增值税"、"减免税款"、

"出口抵减内销产品应纳税额"、"销项税额"、"出口退税"、"进项税额转出"、"转出多交增值税"等专栏。其中：

1. "进项税额"专栏，记录一般纳税人购进货物、加工修理修配劳务、服务、无形资产或不动产而支付或负担的、准予从当期销项税额中抵扣的增值税额；

2. "销项税额抵减"专栏，记录一般纳税人按照现行增值税制度规定因扣减销售额而减少的销项税额；

3. "已交税金"专栏，记录一般纳税人当月已交纳的应交增值税额；

4. "转出未交增值税"和"转出多交增值税"专栏，分别记录一般纳税人月度终了转出当月应交未交或多交的增值税额；

5. "减免税款"专栏，记录一般纳税人按现行增值税制度规定准予减免的增值税额；

6. "出口抵减内销产品应纳税额"专栏，记录实行"免、抵、退"办法的一般纳税人按规定计算的出口货物的进项税抵减内销产品的应纳税额；

7. "销项税额"专栏，记录一般纳税人销售货物、加工修理修配劳务、服务、无形资产或不动产应收取的增值税额；

8. "出口退税"专栏，记录一般纳税人出口货物、加工修理修配劳务、服务、无形资产按规定退回的增值税额；

9. "进项税额转出"专栏，记录一般纳税人购进货物、加工修理修配劳务、服务、无形资产或不动产等发生非正常损失以及其他原因而不应从销项税额中抵扣、按规定转出的进项税额。

（二）"未交增值税"明细科目，核算一般纳税人月度终了从"应交增值税"或"预交增值税"明细科目转入当月应交未交、多交或预缴的增值税额，以及当月交纳以前期间未交的增值税额。

（三）"预交增值税"明细科目，核算一般纳税人转让不动产、提供不动产经营租赁服务、提供建筑服务、采用预收款方式销售自行开发的房地产项目等，以及其他按现行增值税制度规定应预缴的增值税额。

（四）"待抵扣进项税额"明细科目，核算一般纳税人已取得增值税扣税凭证并经税务机关认证，按照现行增值税制度规定准予以后期间从销项税额中抵扣的进项税额。包括：一般纳税人自2016年5月1日后取得并按固定资产核算的不动产或者2016年5月1日后取得的不动产在建工程，按现行增值税制度规定准予以后期间从销项税额中抵扣的进项税额；

实行纳税辅导期管理的一般纳税人取得的尚未交叉稽核比对的增值税扣税凭证上注明或计算的进项税额。

（五）"待认证进项税额"明细科目，核算一般纳税人由于未经税务机关认证而不得从当期销项税额中抵扣的进项税额。包括：一般纳税人已取得增值税扣税凭证、按照现行增值税制度规定准予从销项税额中抵扣，但尚未经税务机关认证的进项税额；一般纳税人已申请稽核但尚未取得稽核相符结果的海关缴款书进项税额。

（六）"待转销项税额"明细科目，核算一般纳税人销售货物、加工修理修配劳务、服务、无形资产或不动产，已确认相关收入（或利得）但尚未发生增值税纳税义务而需于以后期间确认为销项税额的增值税额。

（七）"增值税留抵税额"明细科目，核算兼有销售服务、无形资产或者不动产的原增值税一般纳税人，截止到纳入营改增试点之日前的增值税期末留抵税额按照现行增值税制度规定不得从销售服务、无形资产或不动产的销项税额中抵扣的增值税留抵税额。

（八）"简易计税"明细科目，核算一般纳税人采用简易计税方法发生的增值税计提、扣减、预缴、缴纳等业务。

（九）"转让金融商品应交增值税"明细科目，核算增值税纳税人转让金融商品发生的增值税额。

（十）"代扣代交增值税"明细科目，核算纳税人购进在境内未设经营机构的境外单位或个人在境内的应税行为代扣代缴的增值税。

小规模纳税人只需在"应交税费"科目下设置"应交增值税"明细科目，不需要设置上述专栏及除"转让金融商品应交增值税"、"代扣代交增值税"外的明细科目。

二、账务处理
（一）取得资产或接受劳务等业务的账务处理。
1. 采购等业务进项税额允许抵扣的账务处理。一般纳税人购进货物、加工修理修配劳务、服务、无形资产或不动产，按应计入相关成本费用或资产的金额，借记"在途物资"或"原材料"、"库存商品"、"生产成本"、"无形资产"、"固定资产"、"管理费用"等科目，按当月已认证的可抵扣增值税额，借记"应交税费——应交增值税（进项税额）"科目，按当月未认证的可抵扣增值税额，借记"应交税费——待认证进项税额"科目，按应付或实际支付的金额，贷记"应付账款"、"应付票据"、"银行存款"等科目。发生退货的，如原增值税专用发票已做认证，应根据税务机关开具的红字增值税专用发票做相反的会计分录；如原增值税专用发票未做认证，应将发票退回并做相反的会计分录。

2. 采购等业务进项税额不得抵扣的账务处理。一般纳税人购进货物、加工修理修配劳务、服务、无形资产或不动产，用于简易计税方法计税项目、免征增值税项目、集体福利或个人消费等，其进项税额按照现行增值税制度规定不得从销项税额中抵扣的，取得增值税专用发票时，应借记相关成本费用或资产科目，借记"应交税费——待认证进项税额"科目，贷记"银行存款"、"应付账款"等科目，经税务机关认证后，应借记相关成本费用或资产科目，贷记"应交税费——应交增值税（进项税额转出）"科目。

3. 购进不动产或不动产在建工程按规定进项税额分年抵扣的账务处理。一般纳税人自2016年5月1日后取得并按固定资产核算的不动产或者2016年5月1日后取得的不动产在建工程，其进项税额按现行增值税制度规定自取得之日起分2年从销项税额中抵扣的，应当按取得成本，借记"固定资产"、"在建工程"等科目，按当期可抵扣的增值税额，借记"应交税费——应交增值税（进项税额）"科目，按以后期间可抵扣的增值税额，借记"应交税费——待抵扣进项税额"科目，按应付或实际支付的金额，贷记"应付账款"、"应付票据"、"银行存款"等科目。尚未抵扣的进项税额待以后期间允许抵扣时，按允许抵扣的金额，借记"应交税费——应交增值税（进项税额）"科目，贷记"应交税费——待抵扣进项税额"科目。

4. 货物等已验收入库但尚未取得增值税扣税凭证的账务处理。一般纳税人购进的货物等已到达并验收入库，但尚未收到增值税扣税凭证并未付款的，应在月末按货物清单或相关合同协议上的价格暂估入账，不需要将增值税的进项税额暂估入账。下月初，用红字冲销原暂估入账金额，待取得相关增值税扣税凭证并经认证后，按应计入相关成本费用或资产的金额，借记"原材料"、"库存商品"、"固定资产"、"无形资产"等科目，按可抵扣的增值税额，借记"应交税费——应交增值税（进项税额）"科目，按应付金额，贷记"应付账款"等科目。

5. 小规模纳税人采购等业务的账务处理。小规模纳税人购买物资、服务、无形资产或不动产，取得增值税专用发票上注明的增值税应计入相关成本费用或资产，不通过"应交税费——应交增值税"科目核算。

6. 购买方作为扣缴义务人的账务处理。按照现行增值税制度规定，境外单位或个人在境内发生应税行为,在境内未设有经营机构的,以购买方为增值税扣缴义务人。境内一般纳税人购进服务、无形资产或不动产,按应计入相关成本费用或资产的金额,借记"生产成本"、"无形资产"、"固定资产"、"管理费用"等科目,按可抵扣的增值税额,借记"应交税费——进项税额"科目(小规模纳税人应借记相关成本费用或资产科目),按应付或实际支付的金额,贷记"应付账款"等科目,按应代扣代缴的增值税额,贷记"应交税费——代扣代交增值税"科目。实际缴纳代扣代缴增值税时,按代扣代缴的增值税额,借记"应交税费——代扣代交增值税"科目,贷记"银行存款"科目。

(二)销售等业务的账务处理。

1. 销售业务的账务处理。企业销售货物、加工修理修配劳务、服务、无形资产或不动产,应当按应收或已收的金额,借记"应收账款"、"应收票据"、"银行存款"等科目,按取得的收入金额,贷记"主营业务收入"、"其他业务收入"、"固定资产清理"、"工程结算"等科目,按现行增值税制度规定计算的销项税额(或采用简易计税方法计算的应纳增值税额),贷记"应交税费——应交增值税(销项税额)"或"应交税费——简易计税"科目(小规模纳税人应贷记"应交税费——应交增值税"科目)。发生销售退回的,应根据按规定开具的红字增值税专用发票做相反的会计分录。

按照国家统一的会计制度确认收入或利得的时点早于按照增值税制度确认增值税纳税义务发生时点的,应将相关销项税额计入"应交税费——待转销项税额"科目,待实际发生纳税义务时再转入"应交税费——应交增值税(销项税额)"或"应交税费——简易计税"科目。

按照增值税制度确认增值税纳税义务发生时点早于按照国家统一的会计制度确认收入或利得的时点的,应将应纳增值税额,借记"应收账款"科目,贷记"应交税费——应交增值税(销项税额)"或"应交税费——简易计税"科目,按照国家统一的会计制度确认收入或利得时,应按扣除增值税销项税额后的金额确认收入。

2. 视同销售的账务处理。企业发生税法上视同销售的行为,应当按照企业会计准则制度相关规定进行相应的会计处理,并按照现行增值税制度规定计算的销项税额(或采用简易计税方法计算的应纳增值税额),借记"应付职工薪酬"、"利润分配"等科目,贷记"应交税费——应交增值税(销项税额)"或"应交税费——简易计税"科目(小规模纳税人应计入"应交税费——应交增值税"科目)。

3. 全面试行营业税改征增值税前已确认收入,此后产生增值税纳税义务的账务处理。企业营业税改征增值税前已确认收入,但因未产生营业税纳税义务而未计提营业税的,在达到增值税纳税义务时点时,企业应在确认应交增值税销项税额的同时冲减当期收入;已经计提营业税且未缴纳的,在达到增值税纳税义务时点时,应借记"应交税费——应交营业税"、"应交税费——应交城市维护建设税"、"应交税费——应交教育费附加"等科目,贷记"主营业务收入"科目,并根据调整后的收入计算确定计入"应交税费——待转销项税额"科目的金额,同时冲减收入。

全面试行营业税改征增值税后,"营业税金及附加"科目名称调整为"税金及附加"科目,该科目核算企业经营活动发生的消费税、城市维护建设税、资源税、教育费附加及房产税、土地使用税、车船使用税、印花税等相关税费;利润表中的"营业税金及附加"项目调整为"税金及附加"项目。

(三)差额征税的账务处理。

1. 企业发生相关成本费用允许扣减销售额的账务处理。按现行增值税制度规定企业发生相关成本费用允许扣减销售额的,发生成本费用时,按应付或实际支付的金额,借记"主营业务成本"、"存货"、"工程施工"等科目,贷记"应付账款"、"应付票据"、"银行存款"等科目。待取得合规增值税扣税凭证且纳税义务发生时,按照允许抵扣的税额,借记"应交税费——应交增值税(销项税额抵减)"或"应交税费——简易计税"科目(小规模纳税人应借记"应交税费——应交增值税"科目),贷记"主营业务成本"、"存货"、"工程施工"等科目。

2. 金融商品转让按规定以盈亏相抵后的余额作为销售额的账务处理。金融商品实际转让月末,如产生转让收益,则按应纳税额借记"投资收益"等科目,贷记"应交税费——转让金融商品应交增值税"科目;如产生转让损失,则按可结转下月抵扣税额,借记"应交税费——转让金融商品应交增值税"科目,贷记"投资收益"等科目。交纳增值税时,应借记"应交税费——转让金融商品应交增值税"科目,贷记"银行存款"科目。年末,本科目如有借方余额,则借记"投资收益"等科目,贷记"应交税费——转让金融商品应交增值税"科目。

(四)出口退税的账务处理。

为核算纳税人出口货物应收取的出口退税款,设置"应收出口退税款"科目,该科目借方反映销售出口货物按规定向税务机关申报应退回的增值税、消费税等,贷方反映实际收到的出口货物应退回的增值税、消费税等。期末借方余额,反映尚未收到的应退税额。

1. 未实行"免、抵、退"办法的一般纳税人出口货物按规定退税的,按规定计算的应收出口退税额,借记"应收出口退税款"科目,贷记"应交税费——应交增值税(出口退税)"科目,收到出口退税时,借记"银行存款"科目,贷记"应收出口退税款"科目;退税额低于购进时取得的增值税专用发票上的增值税额的差额,借记"主营业务成本"科目,贷记"应交税费——应交增值税(进项税额转出)"科目。

2. 实行"免、抵、退"办法的一般纳税人出口货物,在货物出口销售后结转产品销售成本时,按规定计算的退税额低于购进时取得的增值税专用发票上的增值税额的差额,借记"主营业务成本"科目,贷记"应交税费——应交增值税(进项税额转出)"科目;按规定计算的当期出口货物的进项税抵减内销产品的应纳税额,借记"应交税费——应交增值税(出口抵减内销产品应纳税额)"科目,贷记"应交税费——应交增值税(出口退税)"科目。在规定期限内,内销产品的应纳税额不足以抵减出口货物的进项税额,不足部分按有关税法规定给予退税的,应在实际收到退税款时,借记"银行存款"科目,贷记"应交税费——应交增值税(出口退税)"科目。

(五)进项税额抵扣情况发生改变的账务处理。

因发生非正常损失或改变用途等,原已计入进项税额、待抵扣进项税额或待认证进项税额,但按现行增值税制度规定不得从销项税额中抵扣的,借记"待处理财产损溢"、"应付职工薪酬"、"固定资产"、"无形资产"等科目,贷记"应交税费——应交增值税(进项税额转出)"、"应交税费——待抵扣进项税额"或"应交税费——待认证进项税额"科目;原不得抵扣且未抵扣进项税额的固定资产、无形资产等,因改变用途等用于允许抵扣进项税额的应税项目的,应按允许抵扣的进项税额,借记"应交税费——应交增值税(进项税额)"科目,贷记"固定资产"、"无形资产"等科目。固定资产、无形资产等经上述调整后,应按调整后的账面价值在剩余尚可使用寿命内计提折旧或摊销。

一般纳税人购进时已全额计提进项税额的货物或服务等转用于不动产在建工程的,对于结转以后期间的进项税额,应借记"应交税费——待抵扣进项税额"科目,贷记"应交税费——应交增值税(进项税额转出)"科目。

(六) 月末转出多交增值税和未交增值税的账务处理。

月度终了,企业应当将当月应交未交或多交的增值税自"应交增值税"明细科目转入"未交增值税"明细科目。对于当月应交未交的增值税,借记"应交税费——应交增值税(转出未交增值税)"科目,贷记"应交税费——未交增值税"科目;对于当月多交的增值税,借记"应交税费——未交增值税"科目,贷记"应交税费——应交增值税(转出多交增值税)"科目。

(七) 交纳增值税的账务处理。

1. 交纳当月应交增值税的账务处理。企业交纳当月应交的增值税,借记"应交税费——应交增值税(已交税金)"科目(小规模纳税人应借记"应交税费——应交增值税"科目),贷记"银行存款"科目。

2. 交纳以前期间未交增值税的账务处理。企业交纳以前期间未交的增值税,借记"应交税费——未交增值税"科目,贷记"银行存款"科目。

3. 预缴增值税的账务处理。企业预缴增值税时,借记"应交税费——预交增值税"科目,贷记"银行存款"科目。月末,企业应将"预交增值税"明细科目余额转入"未交增值税"明细科目,借记"应交税费——未交增值税"科目,贷记"应交税费——预交增值税"科目。房地产开发企业等在预缴增值税后,应直至纳税义务发生时方可从"应交税费——预交增值税"科目结转至"应交税费——未交增值税"科目。

4. 减免增值税的账务处理。对于当期直接减免的增值税,借记"应交税金——应交增值税(减免税款)"科目,贷记损益类相关科目。

(八) 增值税期末留抵税额的账务处理。

纳入营改增试点当月月初,原增值税一般纳税人应按不得从销售服务、无形资产或不动产的销项税额中抵扣的增值税留抵税额,借记"应交税费——增值税留抵税额"科目,贷记"应交税费——应交增值税(进项税额转出)"科目。待以后期间允许抵扣时,按允许抵扣的金额,借记"应交税费——应交增值税(进项税额)"科目,贷记"应交税费——增值税留抵税额"科目。

(九) 增值税税控系统专用设备和技术维护费用抵减增值税额的账务处理。

按现行增值税制度规定,企业初次购买增值税税控系统专用设备支付的费用以及缴纳的技术维护费允许在增值税应纳税额中全额抵减的,按规定抵减的增值税应纳税额,借记"应交税费——应交增值税(减免税款)"科目(小规模纳税人应借记"应交税费——应交增值税"科目),贷记"管理费用"等科目。

(十)关于小微企业免征增值税的会计处理规定。

小微企业在取得销售收入时,应当按照税法的规定计算应交增值税,并确认为应交税费,在达到增值税制度规定的免征增值税条件时,将有关应交增值税转入当期损益。

三、财务报表相关项目列示

"应交税费"科目下的"应交增值税"、"未交增值税"、"待抵扣进项税额"、"待认证进项税额"、"增值税留抵税额"等明细科目期末借方余额应根据情况,在资产负债表中的"其他流动资产"或"其他非流动资产"项目列示;"应交税费——待转销项税额"等科目期末贷方余额应根据情况,在资产负债表中的"其他流动负债"或"其他非流动负债"项目列示;"应交税费"科目下的"未交增值税"、"简易计税"、"转让金融商品应交增值税"、"代扣代交增值税"等科目期末贷方余额应在资产负债表中的"应交税费"项目列示。

四、附则

本规定自发布之日起施行,国家统一的会计制度中相关规定与本规定不一致的,应按本规定执行。2016年5月1日至本规定施行之间发生的交易由于本规定而影响资产、负债等金额的,应按本规定调整。《营业税改征增值税试点有关企业会计处理规定》(财会〔2012〕13号)及《关于小微企业免征增值税和营业税的会计处理规定》(财会〔2013〕24号)等原有关增值税会计处理的规定同时废止。

营业税改征增值税跨境应税行为增值税免税管理办法(试行)

国家税务总局关于发布《营业税改征增值税跨境应税行为增值税免税管理办法(试行)》的公告

国家税务总局公告2016年第29号

国家税务总局制定了《营业税改征增值税跨境应税行为增

值税免税管理办法（试行）》，现予以公布，自2016年5月1日起施行。《国家税务总局关于重新发布〈营业税改征增值税跨境应税服务增值税免税管理办法（试行）〉的公告》（国家税务总局公告2014年第49号）同时废止。

特此公告。

国家税务总局
2016年5月6日

第一条 中华人民共和国境内（以下简称境内）的单位和个人（以下称纳税人）发生跨境应税行为，适用本办法。

第二条 下列跨境应税行为免征增值税：

（一）工程项目在境外的建筑服务。

工程总承包方和工程分包方为施工地点在境外的工程项目提供的建筑服务，均属于工程项目在境外的建筑服务。

（二）工程项目在境外的工程监理服务。

（三）工程、矿产资源在境外的工程勘察勘探服务。

（四）会议展览地点在境外的会议展览服务。

为客户参加在境外举办的会议、展览而提供的组织安排服务，属于会议展览地点在境外的会议展览服务。

（五）存储地点在境外的仓储服务。

（六）标的物在境外使用的有形动产租赁服务。

（七）在境外提供的广播影视节目（作品）的播映服务。

在境外提供的广播影视节目（作品）播映服务，是指在境外的影院、剧院、录像厅及其他场所播映广播影视节目（作品）。

通过境内的电台、电视台、卫星通信、互联网、有线电视等无线或者有线装置向境外播映广播影视节目（作品），不属于在境外提供的广播影视节目（作品）播映服务。

（八）在境外提供的文化体育服务、教育医疗服务、旅游服务。

在境外提供的文化体育服务和教育医疗服务，是指纳税人在境外现场提供的文化体育服务和教育医疗服务。

为参加在境外举办的科技活动、文化活动、文化演出、文化比赛、体育比赛、体育表演、体育活动而提供的组织安排服务，属于在境外提供的文化体育服务。

通过境内的电台、电视台、卫星通信、互联网、有线电视等媒体向境外单位或个人提供的文化体育服务或教育医疗服务，不属于在境外提供的文化体育服务、教育医疗服务。

（九）为出口货物提供的邮政服务、收派服务、保险服务。

1. 为出口货物提供的邮政服务，是指：

（1）寄递函件、包裹等邮件出境。

（2）向境外发行邮票。

（3）出口邮册等邮品。

2. 为出口货物提供的收派服务，是指为出境的函件、包裹提供的收件、分拣、派送服务。

纳税人为出口货物提供收派服务，免税销售额为其向寄件人收取的全部价款和价外费用。

3. 为出口货物提供的保险服务，包括出口货物保险和出口信用保险。

（十）向境外单位销售的完全在境外消费的电信服务。

纳税人向境外单位或者个人提供的电信服务，通过境外电信单位结算费用的，服务接受方为境外电信单位，属于完全在境外消费的电信服务。

（十一）向境外单位销售的完全在境外消费的知识产权服务。

服务实际接受方为境内单位或者个人的知识产权服务，不属于完全在境外消费的知识产权服务。

（十二）向境外单位销售的完全在境外消费的物流辅助服务（仓储服务、收派服务除外）。

境外单位从事国际运输和港澳台运输业务经停我国机场、码头、车站、领空、内河、海域时，纳税人向其提供的航空地面服务、港口码头服务、货运客运站场服务、打捞救助服务、装卸搬运服务，属于完全在境外消费的物流辅助服务。

（十三）向境外单位销售的完全在境外消费的鉴证咨询服务。

下列情形不属于完全在境外消费的鉴证咨询服务：

1. 服务的实际接受方为境内单位或者个人。

2. 对境内的货物或不动产进行的认证服务、鉴证服务和咨询服务。

（十四）向境外单位销售的完全在境外消费的专业技术服务。

下列情形不属于完全在境外消费的专业技术服务：

1. 服务的实际接受方为境内单位或者个人。

2. 对境内的天气情况、地震情况、海洋情况、环境和生态情况进行的气象服务、地震服务、海洋服务、环境和生态监测服务。

3. 为境内的地形地貌、地质构造、水文、矿藏等进行的测绘服务。

4. 为境内的城、乡、镇提供的城市规划服务。

（十五）向境外单位销售的完全在境外消费的商务辅助服务。

1. 纳税人向境外单位提供的代理报关服务和货物运输代理服务，属于完全在境外消费的代理报关服务和货物运输代理服务。

2. 纳税人向境外单位提供的外派海员服务，属于完全在境外消费的人力资源服务。外派海员服务，是指境内单位派出属于本单位员工的海员，为境外单位在境外提供的船舶驾驶和船舶管理等服务。

3. 纳税人以对外劳务合作方式，向境外单位提供的完全在境外发生的人力资源服务，属于完全在境外消费的人力资源服务。对外劳务合作，是指境内单位与境外单位签订劳务合作合同，按照合同约定组织和协助中国公民赴境外工作的活动。

4. 下列情形不属于完全在境外消费的商务辅助服务：

（1）服务的实际接受方为境内单位或者个人。

（2）对境内不动产的投资与资产管理服务、物业管理服务、房地产中介服务。

（3）拍卖境内货物或不动产过程中提供的经纪代理服务。

（4）为境内货物或不动产的物权纠纷提供的法律代理服务。

（5）为境内货物或不动产提供的安全保护服务。

（十六）向境外单位销售的广告投放地在境外的广告服务。

广告投放地在境外的广告服务，是指为在境外发布的广告提供的广告服务。

（十七）向境外单位销售的完全在境外消费的无形资产（技术除外）。

下列情形不属于向境外单位销售的完全在境外消费的无形资产：

1. 无形资产未完全在境外使用。

2. 所转让的自然资源使用权与境内自然资源相关。

3. 所转让的基础设施资产经营权、公共事业特许权与境内货物或不动产相关。

4. 向境外单位转让在境内销售货物、应税劳务、服务、无形资产或不动产的配额、经营权、经销权、分销权、代理权。

（十八）为境外单位之间的货币资金融通及其他金融业务提供的直接

收费金融服务，且该服务与境内的货物、无形资产和不动产无关。

为境外单位之间、境外单位和个人之间的外币、人民币资金往来提供的资金清算、资金结算、金融支付、账户管理服务，属于为境外单位之间的货币资金融通及其他金融业务提供的直接收费金融服务。

（十九）属于以下情形的国际运输服务：

1. 以无运输工具承运方式提供的国际运输服务。

2. 以水路运输方式提供国际运输服务但未取得《国际船舶运输经营许可证》的。

3. 以公路运输方式提供国际运输服务但未取得《道路运输经营许可证》或者《国际汽车运输行车许可证》，或者《道路运输经营许可证》的经营范围未包括"国际运输"的。

4. 以航空运输方式提供国际运输服务但未取得《公共航空运输企业经营许可证》，或者其经营范围未包括"国际航空客货邮运输业务"的。

5. 以航空运输方式提供国际运输服务但未持有《通用航空经营许可证》，或者其经营范围未包括"公务飞行"的。

（二十）符合零税率政策但适用简易计税方法或声明放弃适用零税率选择免税的下列应税行为：

1. 国际运输服务。

2. 航天运输服务。

3. 向境外单位提供的完全在境外消费的下列服务：

（1）研发服务；

（2）合同能源管理服务；

（3）设计服务；

（4）广播影视节目（作品）的制作和发行服务；

（5）软件服务；

（6）电路设计及测试服务；

（7）信息系统服务；

（8）业务流程管理服务；

（9）离岸服务外包业务。

4. 向境外单位转让完全在境外消费的技术。

第三条 纳税人向国内海关特殊监管区域内的单位或者个人销售服务、无形资产，不属于跨境应税行为，应照章征收增值税。

第四条 2016年4月30日前签订的合同，符合《财政部 国家税务总局关于将铁路运输和邮政业纳入营业税改征增值税试点的通知》(财税〔2013〕106号)附件4和《财政部 国家税务总局关于影视等出口服务适用增值税零税率政策的通知》(财税〔2015〕118号)规定的免税政策条件的,在合同到期前可以继续享受免税政策。

第五条 纳税人发生本办法第二条所列跨境应税行为,除第(九)项、第(二十)项外,必须签订跨境销售服务或无形资产书面合同。否则,不予免征增值税。

纳税人向外国航空运输企业提供空中飞行管理服务,以中国民用航空局下发的航班计划或者中国民用航空局清算中心临时来华飞行记录,为跨境销售服务书面合同。

纳税人向外国航空运输企业提供物流辅助服务(除空中飞行管理服务外),与经中国民用航空局批准设立的外国航空运输企业常驻代表机构签订的书面合同,属于与服务接受方签订跨境销售服务书面合同。外国航空运输企业临时来华飞行,未签订跨境服务书面合同的,以中国民用航空局清算中心临时来华飞行记录为跨境销售服务书面合同。

施工地点在境外的工程项目,工程分包方应提供工程项目在境外的证明、与发包方签订的建筑合同原件及复印件等资料,作为跨境销售服务书面合同。

第六条 纳税人向境外单位销售服务或无形资产,按本办法规定免征增值税的,该项销售服务或无形资产的全部收入应从境外取得,否则,不予免征增值税。

下列情形视同从境外取得收入:

(一)纳税人向外国航空运输企业提供物流辅助服务,从中国民用航空局清算中心、中国航空结算有限责任公司或者经中国民用航空局批准设立的外国航空运输企业常驻代表机构取得的收入。

(二)纳税人与境外关联单位发生跨境应税行为,从境内第三方结算公司取得的收入。上述所称第三方结算公司,是指承担跨国企业集团内部成员单位资金集中运营管理职能的资金结算公司,包括财务公司、资金池、资金结算中心等。

(三)纳税人向外国船舶运输企业提供物流辅助服务,通过外国船舶运输企业指定的境内代理公司结算取得的收入。

(四)国家税务总局规定的其他情形。

第七条 纳税人发生跨境应税行为免征增值税的,应单独核算跨境应税行为的销售额,准确计算不得抵扣的进项税额,其免税收入不得开具增值税专用发票。

纳税人为出口货物提供收派服务,按照下列公式计算不得抵扣的进项税额:

不得抵扣的进项税额=当期无法划分的全部进项税额×(当期简易计税方法计税项目销售额+免征增值税项目销售额-为出口货物提供收派服务支付给境外合作方的费用)÷当期全部销售额

第八条 纳税人发生免征增值税跨境应税行为,除提供第二条第(二十)项所列服务外,应在首次享受免税的纳税申报期内或在各省、自治区、直辖市和计划单列市国家税务局规定的申报征期后的其他期限内,到主管税务机关办理跨境应税行为免税备案手续,同时提交以下备案材料:

(一)《跨境应税行为免税备案表》;

(二)本办法第五条规定的跨境销售服务或无形资产的合同原件及复印件;

(三)提供本办法第二条第(一)项至第(八)项和第(十六)项服务,应提交服务地点在境外的证明材料原件及复印件;

(四)提供本办法第二条规定的国际运输服务,应提交实际发生相关业务的证明材料;

(五)向境外单位销售服务或无形资产,应提交服务或无形资产购买方的机构所在地在境外的证明材料;

(六)国家税务总局规定的其他资料。

第九条 纳税人发生第二条第(二十)项所列应税行为的,应在首次享受免税的纳税申报期内或在各省、自治区、直辖市和计划单列市国家税务局规定的申报征期后的其他期限内,到主管税务机关办理跨境应税行为免税备案手续,同时提交以下备案材料:

(一)已向办理增值税免抵退税或免退税的主管税务机关备案的《放弃适用增值税零税率声明》;

(二)该项应税行为享受零税率到主管税务机关办理增值税免抵退税或免退税申报时需报送的材料和原始凭证。

第十条 按照本办法第八条规定提交备案的跨境销售服务或无形资产合同原件为外文的,应提供中文翻译件并由法定代表人(负责人)签字或者单位盖章。

纳税人无法提供本办法第八条规定的境外资料原件的，可只提供复印件，注明"复印件与原件一致"字样，并由法定代表人（负责人）签字或者单位盖章；境外资料原件为外文的，应提供中文翻译件并由法定代表人（负责人）签字或者单位盖章。

主管税务机关对提交的境外证明材料有明显疑义的，可以要求纳税人提供境外公证部门出具的证明材料。

第十一条 纳税人办理跨境应税行为免税备案手续时，主管税务机关应当根据以下情况分别做出处理：

（一）备案材料存在错误的，应当告知并允许纳税人更正。

（二）备案材料不齐全或者不符合规定形式的，应当场一次性告知纳税人补正。

（三）备案材料齐全、符合规定形式的，或者纳税人按照税务机关的要求提交全部补正备案材料的，应当受理纳税人的备案，并将有关资料原件退还纳税人。

（四）按照税务机关的要求补正后的备案材料仍不符合本办法第八、九、十条规定的，应当对纳税人的本次跨境应税行为免税备案不予受理，并将所有报送材料退还纳税人。

第十二条 主管税务机关受理或者不予受理纳税人跨境应税行为免税备案，应当出具加盖本机关专用印章和注明日期的书面凭证。

第十三条 原签订的跨境销售服务或无形资产合同发生变更，或者跨境销售服务或无形资产的有关情况发生变化，变化后仍属于本办法第二条规定的免税范围的，纳税人应向主管税务机关重新办理跨境应税行为免税备案手续。

第十四条 纳税人应当完整保存本办法第八、九、十条要求的各项材料。纳税人在税务机关后续管理中不能提供上述材料的，不得享受本办法规定的免税政策，对已享受的减免税款应予补缴，并依照《中华人民共和国税收征收管理法》的有关规定处理。

第十五条 纳税人发生跨境应税行为享受免税的，应当按规定进行纳税申报。纳税人享受免税到期或实际经营情况不再符合本办法规定的免税条件的，应当停止享受免税，并按照规定申报纳税。

第十六条 纳税人发生实际经营情况不符合本办法规定的免税条件、采用欺骗手段获取免税、或者享受减免税条件发生变化未及时向税务机关报告，以及未按照本办法规定履行相关程序自行减免税的，税务机关依照

《中华人民共和国税收征收管理法》有关规定予以处理。

第十七条 税务机关应高度重视跨境应税行为增值税免税管理工作,针对纳税人的备案材料,采取案头分析、日常检查、重点稽查等方式,加强对纳税人业务真实性的核实,发现问题的,按照现行有关规定处理。

第十八条 纳税人发生的与香港、澳门、台湾有关的应税行为,参照本办法执行。

第十九条 本办法自2016年5月1日起施行。此前,纳税人发生符合本办法第四条规定的免税跨境应税行为,已办理免税备案手续的,不再重新办理免税备案手续。纳税人发生符合本办法第二条和第四条规定的免税跨境应税行为,未办理免税备案手续但已进行免税申报的,按照本办法规定补办备案手续;未进行免税申报的,按照本办法规定办理跨境服务备案手续后,可以申请退还已缴税款或者抵减以后的应纳税额;已开具增值税专用发票的,应将全部联次追回后方可办理跨境应税行为免税备案手续。

增值税税控系统服务单位监督管理办法

国家税务总局关于印发《增值税税控
系统服务单位监督管理办法》的通知
税总发〔2015〕118号

各省、自治区、直辖市和计划单列市国家税务局:

为进一步加强税务机关对增值税税控系统服务单位的监督管理,不断优化对增值税纳税人的开票服务,在广泛征求意见的基础上,国家税务总局制定了新的《增值税税控系统服务单位监督管理办法》(以下简称监督管理办法),现印发给你们,并就有关事项通知如下:

一、纳税人可自愿选择使用航天信息股份有限公司(以下简称航天信息)或国家信息安全工程技术研究中心(以下简称国家信息安全中心)生产的增值税税控系统专用设备。

二、纳税人可自愿选择具备服务资格的维护服务单位(以下简称服务单位）进行服务。服务单位对航天信息或国家信息安全中心生产的专用设备均可以进行维护服务。

三、服务单位开展的增值税税控系统操作培训应遵循使用单位自愿的原则，严禁收费培训，严禁强行培训，严禁强行搭售通用设备、软件或其他商品。

四、税务机关应做好专用设备销售价格和技术维护价格的收费标准、增值税税控系统通用设备基本配置标准等相关事项的公示工作，以便接受纳税人监督。

五、各地要高度重视纳税人对服务单位的投诉举报工作。各级税务机关应设立并通过各种有效方式向社会公布投诉举报电话，及时处理增值税税控系统使用单位对服务单位的投诉举报。省国税局负责对投诉举报及处理情况进行跟踪管理，按月汇总相关情况，随服务质量调查情况一并上报国家税务总局。

六、税务机关应向需使用增值税税控系统的每一位纳税人发放《增值税税控系统安装使用告知书》（附件1，以下简称《使用告知书》），告知纳税人有关政策规定和享有的权利。服务单位应凭《使用告知书》向纳税人销售专用设备，提供售后服务，严禁向未持有《使用告知书》的纳税人发售专用设备。

七、税务机关和税务工作人员严禁直接或间接从事税控系统相关的商业性经营活动，严禁向纳税人推销任何商品。

八、各级税务机关应高度重视服务单位监督管理工作，严格落实监督管理办法，认真履行监督管理职责。对于工作失职渎职、服务单位违规行为频发的地区，将按有关规定追究相关单位或人员的责任。对服务单位监管不力、问题频出的地区，税务总局将进行通报批评并要求限期整改。

国家税务总局
2015年10月9日

第一章 总 则

第一条 为保障增值税税控系统的正常运行，加强对服务单位的监督，根据《中华人民共和国税收征收管理法》及《国务院办公厅转发国家税务总局关于全面推广应用增值税防伪税控系统意见的通知》（国办发〔2000〕12号）有关规定，制定本办法。

第二条　本办法中的增值税税控系统，是指国家税务总局组织开发的，运用数字密码和电子存储技术，强化增值税发票管理，实现对增值税纳税人税源监控的增值税管理系统。

第三条　本办法中的服务单位，是指从事增值税税控系统专用设备（以下简称专用设备）销售以及为使用增值税税控系统的增值税纳税人（以下简称使用单位）提供增值税税控系统维护服务的企业或事业单位。

本办法中的专用设备，是指按照税务机关发票管理要求，能够保证涉税数据的正确生成、可靠存储和安全传递，经税务机关发行后方可与增值税税控系统配套使用的特定设备。

第四条　服务单位应当依据本办法的规定，为使用单位提供优质、高效、便捷的服务，保障使用单位能够正确使用增值税税控系统。

第五条　税务机关应依据本办法对服务单位专用设备的质量、供应、增值税税控系统操作培训以及系统安装、调试和维护等服务工作及投诉举报处理等情况进行监督管理。

第二章　监督管理内容

第六条　航天信息股份有限公司（以下简称航天信息）和国家信息安全工程技术研究中心（以下简称国家信息安全中心）要切实做好专用设备生产工作，保障专用设备的产品质量，对税务机关同意设立的所有服务单位提供相关技术培训和技术支持，保障专用设备及时供应。

航天信息和国家信息安全中心对其设立的服务单位制定统一的服务规范和内部监管办法，切实做好对设立的服务单位的监督管理工作。对其设立的服务单位评比考核须综合参考省国税局对本省服务单位监督管理意见，考评结果、服务单位建设情况及监督管理情况应报送国家税务总局。航天信息和国家信息安全中心与问题频发的服务单位承担连带责任。

第七条　省以下（含本级，下同）服务单位的设立、更换应商省国税局同意。

原则上地市均应设立服务单位。对于按地市设立服务单位有困难的地区，经省国税局同意可不按地市设立服务单位。

第八条 省国税局设立、更换第三方服务单位需报国家税务总局备案。

第九条 省服务单位保障本地区专用设备的及时供应，依据统一的服务规范和内部监管办法对设立的下级服务单位进行监督管理。对设立的下级服务单位评比考核须综合参考当地国税局对本地服务单位监督管理意见、考评结果、服务单位建设情况及监督管理情况应报送省国税局。省服务单位与问题频发的下设服务单位承担连带责任。

省服务单位应建立投诉举报处理机制，设立并公布统一的投诉举报电话，及时处理使用单位的投诉举报，并按月汇总报省国税局。

第十条 市以下（含本级，下同）服务单位按下列要求负责本地区专用设备的销售：

（一）根据增值税管理及使用单位的需要，保障专用设备及时供应。

（二）根据税务机关的《增值税税控系统安装使用告知书》，按照国家价格主管部门确定的价格标准销售专用设备，并通过增值税税控系统单独开具增值税发票，不得以任何借口提高专用设备销售价格和拒绝销售专用设备。

（三）不得以任何理由向使用单位强行销售计算机、打印机等通用设备、软件、其他商品或服务。使用单位自愿向服务单位购买通用设备、软件、其他商品或服务的，应进行书面确认。

第十一条 市以下服务单位按下列要求负责本地区使用单位增值税税控系统的培训：

（一）市服务单位应建立固定的培训场所，配备必要的培训用计算机、打印机、专用设备等培训设施和专业的培训师资，按照统一的培训内容开展培训工作，确保使用单位能够熟练使用专用设备及通过增值税税控系统开具发票。

（二）服务单位应在培训教室的显著位置悬挂《国家发展改革委关于完善增值税税控系统收费政策的通知》（发改价格〔2012〕2155号）、《财政部 国家税务总局关于增值税税控系统专用设备和技术维护费用抵减增值税税额有关政策的通知》（财税〔2012〕15号）、《增值税税控系统通用设备基本配置标准》等展板。

（三）服务单位应向使用单位免费提供增值税税控系统操作培训，不得增加其他任何收费培训内容。

（四）培训应遵循使用单位自愿的原则。服务单位不得以培训作为销售、安装专用设备的前提条件。

第十二条　市以下服务单位按下列要求负责本地区使用单位增值税税控系统日常服务：

（一）使用单位向服务单位提出安装要求后，服务单位应在3个工作日内（含本数，下同）完成使用单位增值税税控系统的安装、调试，并填写《增值税税控系统安装单》。

（二）服务单位应配备足够数量的服务人员，设立并公布统一的服务热线电话，及时向使用单位提供维护服务，保障增值税税控系统正常使用。对于通过电话或网络等方式不能解决的问题，应在24小时内做出响应，现场排除故障不得超过2个工作日。

第十三条　市以下服务单位按下列要求收取本地区使用单位增值税税控系统技术维护费：

（一）服务单位应与使用单位签订技术维护合同，合同中应明确具体的服务标准、服务时限和违约责任等事项。使用单位拒绝签订的除外。

（二）服务单位应按照国家价格主管部门确定的标准按年收取技术维护费，不得一次性收取1年以上的技术维护费。

第三章　监督管理方法

第十四条　不定期抽查。省国税局应对本地区服务单位的专用设备销售、培训、收费及日常服务等情况进行不定期抽查，并将抽查情况上报国家税务总局。

第十五条　问卷调查。市国税局应每年组织开展服务质量调查，抽取部分使用单位调查了解服务情况，根据使用单位的反映对服务单位的工作质量进行评价。调查可以采取电话调查、网络调查和实地调查等方式。调查时应通过《增值税税控系统服务质量调查表》（以下简称《服务质量调查表》）记录调查结果。

调查比例不得低于本辖区上年末使用单位总数的2%或不少于50户（含，下同）。

市国税局应于每年3月底前将调查情况汇总上报省国税局，省国税局应于每年4月10日前将调查情况汇总上报国家税务总局。

第十六条　投诉举报处理。各级税务机关应设立并公布统一的投诉举报电话，及时处理使用单位的投诉举报，建立投诉举报受理、处置、反馈制度。对使用单位的投诉举报处理情况应登记《增值税税控系统服务质量投诉举报处理情况记录表》（以下简称《投诉举报处理情况记录表》），按月汇总上报省国税局。省国税局对省以下税务机关投诉举报电话的设立公布及受理投诉举报情况进行跟踪管理。

受理投诉举报来源包括网络、信函、电话以及现场等形式。

（一）税务机关受理投诉举报后应及时自行组织或委托下级税务机关进行核实。

对于经核实投诉举报情况属实、服务单位违反有关规定的，属于有效投诉举报。对于无法核实或经调查投诉举报情况不实的，属于无效投诉举报。

（二）对于有效投诉举报问题得到解决的，由税务机关受理部门进行电话回访，听取使用单位的意见；对于有效投诉举报问题无法得到解决的，由税务机关受理部门向上一级税务机关报告，由上一级税务机关责成同级服务单位解决。

（三）税务机关应将投诉举报处理的过程和结果记入《投诉举报处理情况记录表》。

第十七条 联系制度。省国税局及市国税局每年至少与本地区服务单位召开一次联系会议。服务单位将服务情况及存在的问题，向税务机关报告。税务机关向服务单位通报调查及投诉举报情况，研究提高服务质量的措施。

第十八条 税务机关对不定期抽查、问卷调查、受理投诉举报以及日常管理中使用单位反映的情况进行汇总统计，作为对服务单位监督考核的依据。

第四章 违约责任

第十九条 服务单位发生下列情形之一的，主管税务机关应对服务单位进行约谈并要求其立即纠正：

（一）未按规定销售专用设备、安装专用设备、提供培训、提供维护服务，影响使用单位增值税税控系统正常使用的；

（二）未按本办法第二章有关规定履行服务单位职责的；

（三）未按规定处理投诉举报的；

（四）税务机关接到有效投诉举报，但一年内有效投诉举报率不超过1%的；

有效投诉举报率＝有效投诉举报户数/使用单位户数×100%

（五）税务机关对服务单位的调查结果不满意率在5%以上未超过10%的。

不满意率＝不满意使用单位户数/调查的使用单位总户数×100%

"不满意使用单位户数"是指在《服务质量调查表》中综合评价"不满意"的户数。

第二十条　服务单位发生下列情形之一的，省国税局责令相关服务单位进行整改，并停止其在规定地区半年内接受新用户的资格，同时向国家税务总局报告：

（一）发生本办法第十九条第（一）、（二）、（三）、（四）项情形之一，未纠正的；

（二）向使用单位强行销售计算机、打印机等通用设备、软件、其他商品或服务的；

（三）违反市场公平竞争原则，进行虚假宣传，恶意诋毁竞争对手的；

（四）对接到的投诉举报没有及时处理，影响使用单位正常经营，造成严重后果的；

（五）税务机关对服务单位的调查结果不满意率超过10%的；

（六）一年内有效投诉举报率在1%以上未超过5%或有效投诉举报在10户以上未超过30户的。

第二十一条　服务单位发生下列情形之一的，属于航天信息和国家信息安全中心授权的服务单位，省国税局应上报国家税务总局并建议授权单位终止其服务资格；属于省国税局批准成立的服务单位，省国税局终止其服务资格：

（一）以税务机关的名义进行有偿更换设备、升级软件及强行销售其他商品或服务的；

（二）未按本办法第二章有关规定发售专用设备，影响使用单位增值税税控系统正常使用，造成严重后果的；

（三）拒绝接受税务机关依据本办法进行监督管理的；

（四）由于违反法律和法规行为，造成无法正常为使用单位提供服务的；

（五）违反市场公平竞争原则，进行恶意竞争，造成严重后果的；

（六）一年内税务机关接到的有效投诉举报率超过5%或有效投诉举报超过30户的。

第二十二条 服务单位对税务机关做出的处罚决定不服的,可以向同级税务机关或上级税务机关申诉。

第五章 附 则

第二十三条 本办法由国家税务总局解释。

第二十四条 本办法自 2015 年 11 月 1 日起施行,《国家税务总局关于修订〈增值税防伪税控开票系统服务监督管理办法〉的通知》(国税发〔2011〕132 号)同时废止。

附 录

全国人民代表大会常务委员会关于惩治虚开、伪造和非法出售增值税专用发票犯罪的决定

中华人民共和国主席令
第五十七号

《全国人民代表大会常务委员会关于惩治虚开、伪造和非法出售增值税专用发票犯罪的决定》已由中华人民共和国第八届全国人民代表大会常务委员会第十六次会议于1995年10月30日通过,现予公布,自公布之日起施行。

中华人民共和国主席 江泽民
1995年10月30日

为了惩治虚开、伪造和非法出售增值税专用发票和其他发票进行偷税、骗税等犯罪活动,保障国家税收,特作如下决定:

一、虚开增值税专用发票的,处三年以下有期徒刑或者拘役,并处二万元以上二十万元以下罚金;虚开的税款数额较大或者有其他严重情节的,处三年以上十年以下有期徒刑,并处五万元以上五十万元以下罚金;虚开的税款数额巨大或者有其他特别严重情节的,处十年以上有期徒刑或者无期徒刑,并处没收财产。

有前款行为骗取国家税款,数额特别巨大、情节特别严重、给国家利益造成特别重大损失的,处无期徒刑或者死刑,并处没收财产。

虚开增值税专用发票的犯罪集团的首要分子,分别依照前两款的规定从重处罚。虚开增值税专用发票是指有为他人虚开、为自己虚开、让他人为自己虚开、介绍他人虚开增值税专用发票行为之一的。

二、伪造或者出售伪造的增值税专用发票的,处三年以下有期徒刑或者拘役,并处二万元以上二十万元以下罚金;数量较大或者有其他严重情节的,处三年以上十年以下有期徒刑,并处五万元以上五十万元以下罚金;数量巨大或者有其他特别严重情节的,处十年以上有期徒刑或者无期徒刑,并处没收财产。

伪造并出售伪造的增值税专用发票,数量特别巨大、情节特别严重、严重破坏经济秩序的,处无期徒刑或者死刑,并处没收财产。

伪造、出售伪造的增值税专用发票的犯罪集团的首要分子,分别依照前两款的规定从重处罚。

三、非法出售增值税专用发票的,处三年以下有期徒刑或者拘役,并处二万元以上二十万元以下罚金;数量较大的,处三年以上十年以下有期徒刑,并处五万元以上五十万元以下罚金;数量巨大的,处十年以上有期徒刑或者无期徒刑,并处没收财产。

四、非法购买增值税专用发票或者购买伪造的增值税专用发票的,处五年以下有期徒刑、拘役,并处或者单处二万元以上二十万元以下罚金。

非法购买增值税专用发票或者购买伪造的增值税专用发票又虚开或者出售的,分别依照第一条、第二条、第三条的规定处罚。

五、虚开用于骗取出口退税、抵扣税款的其他发票的,依照本决定第一条的规定处罚。

虚开用于骗取出口退税、抵扣税款的其他发票是指有为他人虚开、为自己虚开、让他人为自己虚开、介绍他人虚开用于骗取出口退税、抵扣税款的其他发票行为之一的。

六、伪造、擅自制造或者出售伪造、擅自制造的可以用于骗取出口退税、抵扣税款的其他发票的,处三年以下有期徒刑或者拘役,并处二万元以上二十万元以下罚金;数量巨大的,处三年以上七年以下有期徒刑,并处五万元以上五十万元以下罚金;数量特别巨大的,处七年以上有期徒刑,并处没收财产。

伪造、擅自制造或者出售伪造、擅自制造的前款规定以外的其他发票的,比照刑法第一百二十四条的规定处罚。

非法出售可以用于骗取出口退税、抵扣税款的其他发票的,依照第一款的规定处罚。

非法出售前款规定以外的其他发票的,比照刑法第一百二十四条的规定处罚。

七、盗窃增值税专用发票或者其他发票的，依照刑法关于盗窃罪的规定处罚。

使用欺骗手段骗取增值税专用发票或者其他发票的，依照刑法关于诈骗罪的规定处罚。

八、税务机关或者其他国家机关的工作人员有下列情形之一的，依照本决定的有关规定从重处罚：

（一）与犯罪分子相勾结，实施本决定规定的犯罪的；

（二）明知是虚开的发票，予以退税或者抵扣税款的；

（三）明知犯罪分子实施本决定规定的犯罪，而提供其他帮助的。

九、税务机关的工作人员违反法律、行政法规的规定，在发售发票、抵扣税款、出口退税工作中玩忽职守，致使国家利益遭受重大损失的，处五年以下有期徒刑或者拘役；致使国家利益遭受特别重大损失的，处五年以上有期徒刑。

十、单位犯本决定第一条、第二条、第三条、第四条、第五条、第六条、第七条第二款规定之罪的，对单位判处罚金，并对直接负责的主管人员和其他直接责任人员依照各该条的规定追究刑事责任。

十一、有本决定第二条、第三条、第四条第一款、第六条规定的行为，情节显著轻微，尚不构成犯罪的，由公安机关处十五日以下拘留、五千元以下罚款。

十二、对追缴犯本决定规定之罪的犯罪分子的非法抵扣和骗取的税款，由税务机关上交国库，其他的违法所得和供犯罪使用的财物一律没收。

供本决定规定的罪犯所使用的发票和伪造的发票一律收回。

十三、本决定自公布之日起施行。

最高人民法院关于适用《全国人民代表大会常务委员会关于惩治虚开、伪造和非法出售增值税专用发票犯罪的决定》的若干问题的解释

法发〔1996〕30号

(最高人民法院审判委员会第446次会议讨论通过)

为正确执行《全国人民代表大会常务委员会关于惩治虚开、伪造和非法出售增值税专用发票犯罪的决定》(以下简称《决定》),依法惩治虚开、伪造和非法出售增值税专用发票和其他发票犯罪,现就适用《决定》的若干具体问题解释如下:

一、根据《决定》第一条规定,虚开增值税专用发票的,构成虚开增值税专用发票罪。

具有下列行为之一的,属于"虚开增值税专用发票":(1) 没有货物购销或者没有提供或接受应税劳务而为他人、为自己、让他人为自己、介绍他人开具增值税专用发票;(2) 有货物购销或者提供或接受了应税劳务但为他人、为自己、让他人为自己、介绍他人开具数量或者金额不实的增值税专用发票;(3) 进行了实际经营活动,但让他人为自己代开增值税专用发票。

虚开税款数额1万元以上的或者虚开增值税专用发票致使国家税款被骗取5000元以上的,应当依法定罪处罚。

虚开税款数额10万元以上的,属于"虚开的税款数额较大";具有下列情形之一的,属于"有其他严重情节":(1) 因虚开增值税专用发票致使国家税款被骗取5万元以上的;(2) 具有其他严重情节的。

虚开税款数额50万元以上的,属于"虚开的税款数额巨大";具有下列情形之一的,属于"有其他特别严重情节":(1) 因虚开增值税专用发票致使国家税款被骗取30万元以上的;(2) 虚开的税款数额接近巨大并有其他严重情节的;(3) 具有其他特别严重情节的。

利用虚开的增值税专用发票实际抵扣税款或者骗取出口退税100万元以上的,属于"骗取国家税款数额特别巨大";造成国家税款损失50万

元以上并且在侦查终结前仍无法追回的,属于"给国家利益造成特别重大损失"。利用虚开的增值税专用发票骗取国家税款数额特别巨大、给国家利益造成特别重大损失,为"情节特别严重"的基本内容。

虚开增值税专用发票犯罪分子与骗取税款犯罪分子均应当对虚开的税款数额和实际骗取的国家税款数额承担刑事责任。

利用虚开的增值税专用发票抵扣税款或者骗取出口退税的,应当依照《决定》第一条的规定定罪处罚;以其他手段骗取国家税款的,仍应依照《全国人民代表大会常务委员会关于惩治偷税、抗税犯罪的补充规定》的有关规定定罪处罚。

二、根据《决定》第二条规定,伪造或者出售伪造的增值税专用发票的,构成伪造、出售伪造的增值税专用发票罪。

伪造或者出售伪造的增值税专用发票25份以上或者票面额(百元版以每份100元,千元版以每份1000元,万元版以每份1万元计算,以此类推。下同)累计10万元以上的应当依法定罪处罚。

伪造或者出售伪造的增值税专用发票100份以上或者票面额累计50万元以上的,属于"数量较大";具有下列情形之一的,属于"有其他严重情节":(1)违法所得数额在1万元以上的;(2)伪造并出售伪造的增值税专用发票60份以上或者票面额累计30万元以上的;(3)造成严重后果或者具有其他严重情节的。

伪造或者出售伪造的增值税专用发票500份以上或者票面额累计250万元以上的,属于"数量巨大";具有下列情形之一的,属于"有其他特别严重情节":(1)违法所得数额在5万元以上的;(2)伪造并出售伪造的增值税专用发票300份以上或者票面额累计200万元以上的;(3)伪造或者出售伪造的增值税专用发票接近"数量巨大"并有其他严重情节的;(4)造成特别严重后果或者具有其他特别严重情节的。

伪造并出售伪造的增值税专用发票1000份以上或者票面额累计1000万元以上的,属于"伪造并出售伪造的增值税专用发票数量特别巨大";具有下列情形之一的,属于"情节特别严重":(1)违法所得数额在5万元以上的;(2)因伪造、出售伪造的增值税专用发票致使国家税款被骗取100万元以上的;(3)给国家税款造成实际损失50万元以上的;(4)具有其他特别严重情节的。对于伪造并出售伪造的增值税专用发票数量达到特别巨大,又具有特别严重情节,严重破坏经济秩序的,应当依照《决定》第二条第二款的规定处罚。

伪造并出售同一宗增值税专用发票的,数量或者票面额不重复计算。

变造增值税专用发票的,按照伪造增值税专用发票行为处理。

三、根据《决定》第三条规定,非法出售增值税专用发票的,构成非法出售增值税专用发票罪。

非法出售增值税专用发票案件的定罪量刑数量标准按照本解释第二条第二、三、四款的规定执行。

四、根据《决定》第四条规定,非法购买增值税专用发票或者购买伪造的增值税专用发票的,构成非法购买增值税专用发票、伪造的增值税专用发票罪。

非法购买增值税专用发票或者购买伪造的增值税专用发票25份以上或者票面额累计10万元以上的,应当依法定罪处罚。

非法购买真、伪两种增值税专用发票的,数量累计计算,不实行数罪并罚。

五、根据《决定》第五条规定,虚开用于骗取出口退税、抵扣税款的其他发票的,构成虚开专用发票罪,依照《决定》第一条的规定处罚。

"用于骗取出口退税、抵扣税款的其他发票"是指可以用于申请出口退税、抵扣税款的非增值税专用发票,如运输发票、废旧物品收购发票、农业产品收购发票等。

六、根据《决定》第六条规定,伪造、擅自制造或者出售伪造、擅自制造的可以用于骗取出口退税、抵扣税款的其他发票的,构成非法制造专用发票罪或出售非法制造的专用发票罪。

伪造、擅自制造或者出售伪造、擅自制造的可以用于骗取出口退税、抵扣税款的其他发票50份以上的,应当依法定罪处罚;伪造、擅自制造或者出售伪造、擅自制造的可以用于骗取出口退税、抵扣税款的其他发票200份以上的,属于"数量巨大";伪造、擅自制造或者出售伪造、擅自制造的可以用于骗取出口退税、抵扣税款的其他发票1000份以上的,属于"数量特别巨大"。

七、盗窃增值税专用发票或者可以用于骗取出口退税、抵扣税款的其他发票25份以上,或者其他发票50份以上的;诈骗增值税专用发票或者可以用于骗取出口退税、抵扣税款的其他发票50份以上,或者其他发票100份以上的,依照刑法第一百五十一条的规定处罚。

盗窃增值税专用发票或者可以用于骗取出口退税、抵扣税款的其他发票250份以上,或者其他发票500份以上的;诈骗增值税专用发票或者可以用于骗取出口退税、抵扣税款的其他发票 500 份以上，或者其他发票 1000 份以上的，依照刑法第一百五十二条的规定处罚。

盗窃增值税专用发票或者其他发票情节特别严重的，依照《全国人民代表大会常务委员会关于严惩严重破坏经济的罪犯的决定》第一条第（一）项的规定处罚。

盗窃、诈骗增值税专用发票或者其他发票后，又实施《决定》规定的虚开、出售等犯罪的，按照其中的重罪定罪处罚，不实行数罪并罚。

关于资管产品增值税
有关问题的通知

财税〔2017〕56号

各省、自治区、直辖市、计划单列市财政厅（局）、国家税务局、地方税务局，新疆生产建设兵团财务局：

现将资管产品增值税有关问题通知如下：

一、资管产品管理人（以下称管理人）运营资管产品过程中发生的增值税应税行为（以下称资管产品运营业务），暂适用简易计税方法，按照3%的征收率缴纳增值税。

资管产品管理人，包括银行、信托公司、公募基金管理公司及其子公司、证券公司及其子公司、期货公司及其子公司、私募基金管理人、保险资产管理公司、专业保险资产管理机构、养老保险公司。

资管产品，包括银行理财产品、资金信托（包括集合资金信托、单一资金信托）、财产权信托、公开募集证券投资基金、特定客户资产管理计划、集合资产管理计划、定向资产管理计划、私募投资基金、债权投资计划、股权投资计划、股债结合型投资计划、资产支持计划、组合类保险资产管理产品、养老保障管理产品。

财政部和税务总局规定的其他资管产品管理人及资管产品。

二、管理人接受投资者委托或信托对受托资产提供的管理服务以及管理人发生的除本通知第一条规定的其他增值税应税行为（以下称其他业务），按照现行规定缴纳增值税。

三、管理人应分别核算资管产品运营业务和其他业务的销售额和增值税应纳税额。未分别核算的，资管产品运营业务不得适用本通知第一条规定。

四、管理人可选择分别或汇总核算资管产品运营业务销售额和增值税应纳税额。

五、管理人应按照规定的纳税期限，汇总申报缴纳资管产品运营业务和其他业务增值税。

六、本通知自 2018 年 1 月 1 日起施行。

对资管产品在 2018 年 1 月 1 日前运营过程中发生的增值税应税行为，未缴纳增值税的，不再缴纳；已缴纳增值税的，已纳税额从资管产品管理人以后月份的增值税应纳税额中抵减。

财政部 税务总局

2017 年 6 月 30 日

国家税务总局关于跨境应税行为免税备案等增值税问题的公告

国家税务总局公告2017年第30号

现将跨境应税行为免税备案等增值税问题公告如下：

一、纳税人发生跨境应税行为，按照《国家税务总局关于发布〈营业税改征增值税跨境应税行为增值税免税管理办法（试行）〉的公告》（国家税务总局公告2016年第29号）的规定办理免税备案手续后发生的相同跨境应税行为，不再办理备案手续。纳税人应当完整保存相关免税证明材料备查。纳税人在税务机关后续管理中不能提供上述材料的，不得享受相关免税政策，对已享受的减免税款应予补缴，并依照《中华人民共和国税收征收管理法》的有关规定处理。

二、纳税人以承运人身份与托运人签订运输服务合同，收取运费并承担承运人责任，然后委托实际承运人完成全部或部分运输服务时，自行采购并交给实际承运人使用的成品油和支付的道路、桥、闸通行费，同时符合下列条件的，其进项税额准予从销项税额中抵扣：

（一）成品油和道路、桥、闸通行费，应用于纳税人委托实际承运人完成的运输服务；

（二）取得的增值税扣税凭证符合现行规定。

三、其他个人委托房屋中介、住房租赁企业等单位出租不动产，需要向承租方开具增值税发票的，可以由受托单位代其向主管地税机关按规定申请代开增值税发票。

四、自2018年1月1日起，金融机构开展贴现、转贴现业务需要就贴现利息开具发票的，由贴现机构按照票据贴现利息全额向贴现人开具增值税普通发票，转贴现机构按照转贴现利息全额向贴现机构开具增值税普通发票。

五、本公告除第四条外，自2017年9月1日起施行，此前已发生未处理的事项，按照本公告规定执行。

特此公告。

国家税务总局
2017年8月14日

国家税务总局关于调整增值税纳税申报有关事项的公告

国家税务总局公告 2017 年第 19 号

为配合增值税税率的简并，国家税务总局对增值税纳税申报有关事项进行了调整，现公告如下：

一、将《国家税务总局关于全面推开营业税改征增值税试点后增值税纳税申报有关事项的公告》（国家税务总局公告 2016 年第 13 号）《增值税纳税申报表附列资料（一）》（本期销售情况明细）中的"11%税率"栏次调整为两栏，分别为"11%税率的货物及加工修理修配劳务"和"11%税率的服务、不动产和无形资产"，调整后的表式见附件 1，所涉及的填写说明调整内容见附件 3。

二、将国家税务总局公告 2016 年第 13 号附件 1《增值税纳税申报表附列资料（二）》（本期进项税额明细）中的第 8 栏"其他"栏次调整为两栏，分别为"加计扣除农产品进项税额"和"其他"，调整后的表式见附件 2，所涉及的填写说明调整内容见附件 3。

三、本公告自 2017 年 8 月 1 日起施行。国家税务总局公告 2016 年第 13 号附件 1 中的《增值税纳税申报表附列资料（一）》（本期销售情况明细）和《增值税纳税申报表附列资料（二）》（本期进项税额明细）同时废止。

特此公告。

附件：1.《增值税纳税申报表附列资料（一）》（本期销售情况明细）

ttp：//hd.chinatax.gov.cn/guoshui/action/ShowAppend.do? id=15448

2. 《增值税纳税申报表附列资料（二）》（本期进项税额明细）

http：//hd. chinatax. gov. cn/guoshui/action/ShowAppend. do？id=15449

3. 关于《增值税纳税申报表（一般纳税人适用）》及其附列资料填写说明的调整事项

http：//hd. chinatax. gov. cn/guoshui/action/ShowAppend. do？id=15450

国家税务总局
2017 年 5 月 23 日

国家税务总局关于增值税发票
开具有关问题的公告

国家税务总局公告 2017 年第 16 号

为进一步加强增值税发票管理，保障全面推开营业税改征增值税试点工作顺利实施，保护纳税人合法权益，营造健康公平的税收环境，现将增值税发票开具有关问题公告如下：

一、自 2017 年 7 月 1 日起，购买方为企业的，索取增值税普通发票时，应向销售方提供纳税人识别号或统一社会信用代码；销售方为其开具增值税普通发票时，应在"购买方纳税人识别号"栏填写购买方的纳税人识别号或统一社会信用代码。不符合规定的发票，不得作为税收凭证。

本公告所称企业，包括公司、非公司制企业法人、企业分支机构、个人独资企业、合伙企业和其他企业。

二、销售方开具增值税发票时，发票内容应按照实际销售情况如实开具，不得根据购买方要求填开与实际交易不符的内容。销售方开具发票时，通过销售平台系统与增值税发票税控系统后台对接，导入相关信息开票的，系统导入的开票数据内容应与实际交易相符，如不相符应及时修改完善销售平台系统。

特此公告。

国家税务总局
2017 年 5 月 19 日

关于继续执行有线电视收视费
增值税政策的通知

财税〔2017〕35号

各省、自治区、直辖市、计划单列市财政厅（局）、国家税务局，新疆生产建设兵团财务局：

为继续支持广播电视运营事业发展，现就有线电视收视费增值税政策通知如下：

2017年1月1日至2019年12月31日，对广播电视运营服务企业收取的有线数字电视基本收视维护费和农村有线电视基本收视费，免征增值税。

本通知印发之日前，已征的按照本通知规定应予免征的增值税，可抵减纳税人以后月份应缴纳的增值税或予以退还。

财政部 税务总局
2017年4月28日

关于简并增值税税率
有关政策的通知

财税〔2017〕37号

各省、自治区、直辖市、计划单列市财政厅（局）、国家税务局、地方税务局，新疆生产建设兵团财务局：

自2017年7月1日起，简并增值税税率结构，取消13%的增值税税率。现将有关政策通知如下：

一、纳税人销售或者进口下列货物，税率为11%：

农产品（含粮食）、自来水、暖气、石油液化气、天然气、食用植物油、冷气、热水、煤气、居民用煤炭制品、食用盐、农机、饲料、农药、农膜、化肥、沼气、二甲醚、图书、报纸、杂志、音像制品、电子出版物。

上述货物的具体范围见本通知附件1。

二、纳税人购进农产品，按下列规定抵扣进项税额：

（一）除本条第（二）项规定外，纳税人购进农产品，取得一般纳税人开具的增值税专用发票或海关进口增值税专用缴款书的，以增值税专用发票或海关进口增值税专用缴款书上注明的增值税额为进项税额；从按照简易计税方法依照3%征收率计算缴纳增值税的小规模纳税人取得增值税专用发票的，以增值税专用发票上注明的金额和11%的扣除率计算进项税额；取得（开具）农产品销售发票或收购发票的，以农产品销售发票或收购发票上注明的农产品买价和11%的扣除率计算进项税额。

（二）营业税改征增值税试点期间，纳税人购进用于生产销售或委托受托加工17%税率货物的农产品维持原扣除力度不变。

（三）继续推进农产品增值税进项税额核定扣除试点，纳税人购进农产品进项税额已实行核定扣除的，仍按照《财政部 国家税务总局关于在部分行业试行农产品增值税进项税额核定扣除办法的通知》（财税〔2012〕38号）、《财政部 国家税务总局关于扩大农产品增值税进项税额核定扣除试点行业范围的通知》（财税〔2013〕57号）执行。其中，《农产品增值税进项税额核定扣除试点实施办法》（财税〔2012〕38号印发）第四条第（二）项规定的扣除率调整为11%；第（三）项规定的扣除率调整为按本条第（一）项、第（二）项规定执行。

（四）纳税人从批发、零售环节购进适用免征增值税政策的蔬菜、部分鲜活肉蛋而取得的普通发票，不得作为计算抵扣进项税额的凭证。

（五）纳税人购进农产品既用于生产销售或委托受托加工17%税率货物又用于生产销售其他货物服务的，应当分别核算用于生产销售或委托受托加工17%税率货物和其他货物服务的农产品进项税额。未分别核算的，统一以增值税专用发票或海关进口增值税专用缴款书上注明的增值税额为进项税额，或以农产品收购发票或销售发票上注明的农产品买价和11%的扣除率计算进项税额。

（六）《中华人民共和国增值税暂行条例》第八条第二款第（三）项和本通知所称销售发票，是指农业生产者销售自产农产品适用免征增值税政策而开具的普通发票。

三、本通知附件2所列货物的出口退税率调整为11%。出口货物适用的出口退税率，以出口货物报关单上注明的出口日期界定。

外贸企业2017年8月31日前出口本通知附件2所列货物，购进时已按13%税率征收增值税的，执行13%出口退税率；购进时已按11%税率征收增值税的，执行11%出口退税率。生产企业2017年8月31日前出口本通知附件2所列货物，执行13%出口退税率。出口货物的时间，按照出口货物报关单上注明的出口日期执行。

四、本通知自2017年7月1日起执行。此前有关规定与本通知规定的增值税税率、扣除率、相关货物具体范围不一致的，以本通知为准。《财政部 国家税务总局关于免征部分鲜活肉蛋产品流通环节增值税政策的通知》（财税〔2012〕75号）第三条同时废止。

五、各地要高度重视简并增值税税率工作，切实加强组织领导，周密安排，明确责任。做好实施前的各项准备以及实施过程中的监测分析、宣传解释等工作，确保简并增值税税率平稳、有序推进。遇到问题请及时向财政部和税务总局反映。

附件：

1. 适用11%增值税税率货物范围注释.doc

http：//szs.mof.gov.cn/zhengwuxinxi/zhengcefabu/201705/P020170502533246375344.doc

2. 出口退税率调整产品清单.xls

http：//szs.mof.gov.cn/zhengwuxinxi/zhengcefabu/201705/P020170503366390401527.xls

财政部 税务总局

2017年4月28日

国家税务总局关于进一步做好增值税电子普通发票推行工作的指导意见

税总发〔2017〕31号

各省、自治区、直辖市和计划单列市国家税务局：

为适应经济社会发展和税收现代化建设需要，满足纳税人使用增值税电子普通发票的需求，自2015年12月1日起税务总局推行了通过增值税发票管理新系统（以下简称"新系统"）开具的增值税电子普通发票。为进一步做好增值税电子普通发票推行工作，现提出以下意见：

一、高度重视电子发票推行工作

推行通过新系统开具的增值税电子普通发票，对降低纳税人经营成本，节约社会资源，方便纳税人发票使用，营造健康公平的税收环境起到了重要作用。各地国税机关要高度重视电子发票推行工作，精心组织，扎实推进，满足纳税人开具使用电子发票的合理需求。

二、坚持问题导向，重点行业重点推行

各地国税机关要认真总结前期推行增值税电子普通发票的情况，做好分析评估工作，坚持问题导向原则，重点在电商、电信、金融、快递、公用事业等有特殊需求的纳税人中推行使用电子发票。

三、规范电子发票服务平台建设

电子发票服务平台以纳税人自建为主，也可由第三方建设提供服务平台。电子发票服务平台应免费提供电子发票版式文件的生成、打印、查询和交付等基础服务。

税务总局负责统一制定电子发票服务平台的技术标准和管理制度，建设对服务平台进行监督管理的税务监管平台。电子发票服务平台必须遵循统一的技术标准和管理制度。平台建设的技术方案和管理方案应报国税机关备案。

四、做好纳税人的宣传辅导工作

各地国税机关要利用多种渠道，切实做好纳税人的宣传辅导工作。增值税电子普通发票的开票方和受票方需要纸质发票的，可以自行打印增值税电子普通发票的版式文件，其法律效力、基本用途、基本使用规定等与税务机关监制的增值税普通发票相同。购买方向开具增值税电子普通发票的纳税人当场索取纸质普通发票的，纳税人应当免费提供电子发票版式文件打印服务。对于拒绝提供免费打印服务或者纸质发票的，主管国税务机关应当及时予以纠正。

五、规范电子发票编码规则及发票赋码流程

各地国税机关应严格按照《国家税务总局关于推行通过增值税电子发票系统开具的增值税电子普通发票有关问题的公告》（国家税务总局公告2015年第84号）规定的发票编码规则编制增值税电子普通发票的发票代码，通过金税三期核心征管系统将电子发票的号段同步至新系统，通过新系统最终赋予纳税人。

六、简化税控专用设备发行流程

各地国税机关要进一步简化税控专用设备发行流程，及时为使用电子发票的纳税人或其书面委托的单位办理税控专用设备发行，提高办税效率。

七、加强对服务单位的监督管理

各地国税机关应严格按照税务总局对纳税人税控装置安装服务提出的工作要求，加强对服务单位的监督管理，督促其提高服务水平和服务质量。税务机关及税务干部要严格执行廉政规定，不得违反纪律参与、干预、引导纳税人选择服务单位。税务机关要及时处理回应纳税人投诉，对存在问题的服务单位责令其立即纠正，并限期整改。

税控专用设备销售单位应保障税控专用设备的及时供应，不得以任何理由推诿、拖延或者拒绝使用电子发票的纳税人购买税控专用设备的要求。

八、落实主体责任，加强部门协作配合

各地国税机关要将推行工作做实做细，加强部门协作配合，形成工作合力。按照新系统推行到哪里、主体责任就要落实到哪里的原则，货物劳务税部门要落实好发票管理、系统推行中的主体责任，实行专人专岗、责任到人。征管科技、电子税务等部门要加强协作配合，共同保障推行工作平稳顺利。

国家税务总局
2017年3月21日

研发机构采购国产设备增值税退税管理办法

国家税务总局关于发布《研发机构采购国产设备增值税退税管理办法》的公告
国家税务总局公告 2017 年第 5 号

根据《财政部 商务部 国家税务总局关于继续执行研发机构采购设备增值税政策的通知》（财税〔2016〕121 号）规定，经商财政部，国家税务总局制定了《研发机构采购国产设备增值税退税管理办法》，现予以发布，自 2016 年 1 月 1 日至 2018 年 12 月 31 日施行。《国家税务总局关于印发〈研发机构采购国产设备退税管理办法〉的公告》（国家税务总局公告 2011 年第 73 号）到期停止执行。

特此公告。

国家税务总局
2017 年 3 月 14 日

第一条 为规范研发机构采购国产设备退税管理，根据《财政部 商务部 国家税务总局关于继续执行研发机构采购设备增值税政策的通知》（财税〔2016〕121 号）规定，制定本办法。

第二条 适用退税政策的研发机构（包括内资研发机构和外资研发中心，以下简称"研发机构"）采购的国产设备，按本办法实行全额退还增值税。

第三条 本办法第二条所称研发机构、采购的国产设备的范围，按财税〔2016〕121 号文件规定执行。

第四条 主管研发机构退税的国家税务局（以下简称"主管国税机关"）负责办理研发机构采购国产设备退税的备案、审核、核准及后续管理工作。

第五条 研发机构享受采购国产设备退税政策，应于首次申报退税时，持以下资料向主管国税机关办理采购国产设备的退税备案手续：

（一）符合财税〔2016〕121号文件第一条、第二条规定的研发机构的证明资料；

（二）内容填写真实、完整的《出口退（免）税备案表》，其中"退税开户银行账号"须从税务登记的银行账号中选择一个填报；

（三）主管国税机关要求提供的其他资料。

本办法下发前已办理采购国产设备退税备案的，无需再办理采购国产设备的退税备案。

第六条 研发机构采购国产设备退税备案资料齐全，《出口退（免）税备案表》填写内容符合要求，签字、印章完整的，主管国税机关应当予以备案；备案资料或填写内容不符合上述要求的，主管国税机关应一次性告知研发机构，待其补正后再予备案。

第七条 已备案研发机构的《出口退（免）税备案表》中的内容发生变更的，须自变更之日起30日内，持相关证件、资料向主管国税机关办理变更内容的备案。

第八条 研发机构发生解散、破产、撤销以及其他依法应终止采购国产设备退税事项的，应持相关证件、资料向其主管国税机关办理撤回采购国产设备退税备案。主管国税机关应按规定为该研发机构结清退税款后，再予办理撤回采购国产设备退税备案。

外资研发中心在其退税资格复审前，因自身条件发生变化不再符合财税〔2016〕121号文件第二条规定条件的，自条件变化之日起，停止享受采购国产设备退税政策。上述外资研发中心应自条件变化之日起30日内办理撤回退税备案。未按时办理撤回退税备案并继续享受采购国产设备退税政策的，按本办法第十七条规定执行。

研发机构办理注销税务登记的，应先向主管国税机关办理撤回退税备案。

第九条 研发机构采购国产设备退税的申报期限，为采购国产设备之日（以发票开具日期为准）次月1日起至次年4月30日前的各增值税纳税申报期。逾期申报的，主管国税机关不再受理研发机构采购国产设备退税申报。

2016年研发机构采购国产设备退税申报期限延长至2017年6月30日前的增值税纳税申报期。

第十条 已备案的研发机构应在退税申报期内，凭下列资料向主管国税机关办理采购国产设备退税：

(一)《购进自用货物退税申报表》;
(二) 采购国产设备合同;
(三) 增值税专用发票,或者开具时间为 2016 年 1 月 1 日至本办法发布之日前的增值税普通发票;
(四) 主管国税机关要求提供的其他资料。

上述增值税专用发票,为认证通过或通过增值税发票选择确认平台选择确认的增值税专用发票。

第十一条 研发机构发生的真实采购国产设备业务,因《国家税务总局关于〈出口货物劳务增值税和消费税管理办法〉有关问题的公告》(国家税务总局公告 2013 年第 12 号) 第二条第 (十八) 项规定的有关情形,无法在规定的退税申报期限内收齐单证的,可在退税申报期限截止之日前,向主管国税机关提出延期申请,并提供相关证明材料。经主管国税机关核准后,可延期申报。

第十二条 属于增值税一般纳税人的研发机构申报的采购国产设备退税,主管国税机关经审核符合规定的,应受理申报并审核办理退税手续。

研发机构申报的采购国产设备退税,属于下列情形之一的,主管国税机关应发函调查,在确认增值税发票真实、发票所列设备已按规定申报纳税后,方可办理退税:

(一) 审核中发现疑点,经核实后仍不能排除的;
(二) 一般纳税人申报退税时使用增值税普通发票的;
(三) 非增值税一般纳税人申报退税的。

第十三条 研发机构采购国产设备的应退税额,为增值税发票(包括增值税专用发票、增值税普通发票,下同)上注明的税额。

第十四条 研发机构采购国产设备取得的增值税专用发票,已申报进项税额抵扣的,不得申报退税;已申报退税的,不得申报进项税额抵扣。

第十五条 主管国税机关应建立研发机构采购国产设备退税情况台账,记录国产设备的型号、发票开具时间、价格、已退税额等情况。

第十六条 研发机构已退税的国产设备,自增值税发票开具之日起 3 年内,设备所有权转移或移作他用的,研发机构须按照下列计算公式,向主管国税机关补缴已退税款。

应补税款=增值税发票上注明的金额×(设备折余价值÷设备原值)×增值税适用税率

设备折余价值=设备原值-累计已提折旧

设备原值和已提折旧按照企业所得税法的有关规定计算。

第十七条 研发机构以假冒采购国产设备退税资格、既申报抵扣又申报退税、虚构采购国产设备业务、提供虚假退税申报资料等手段骗取采购国产设备退税款的，主管国税机关应追回已退增值税税款，并依照税收征管法的有关规定处理。

第十八条 本办法未明确的其他退税管理事项，比照出口退税有关规定执行。

第十九条 本办法施行期限为 2016 年 1 月 1 日至 2018 年 12 月 31 日，以增值税发票开具日期为准。

国家税务总局关于开展鉴证咨询业增值税小规模纳税人自开增值税专用发票试点工作有关事项的公告

国家税务总局公告 2017 年第 4 号

为保障全面推开营改增试点工作顺利实施，方便纳税人发票使用，税务总局决定，将鉴证咨询业纳入增值税小规模纳税人自行开具增值税专用发票（以下简称"专用发票"）试点范围。现将有关事项公告如下：

一、试点内容

（一）全国范围内月销售额超过 3 万元（或季销售额超过 9 万元）的鉴证咨询业增值税小规模纳税人（以下简称"试点纳税人"）提供认证服务、鉴证服务、咨询服务、销售货物或发生其他增值税应税行为，需要开具专用发票的，可以通过增值税发票管理新系统自行开具，主管国税机关不再为其代开。

试点纳税人销售其取得的不动产，需要开具专用发票的，仍须向地税机关申请代开。

（二）试点纳税人所开具的专用发票应缴纳的税款，应在规定的纳税申报期内，向主管税务机关申报纳税。在填写增值税纳税申报表时，应将当期开具专用发票的销售额，按照 3% 和 5% 的征收率，分别填写在《增值税纳税申报表》（小规模纳税人适用）第 2 栏和第 5 栏 "税务机关代开的增值税专用发票不含税销售额"的"本期数"相应栏次中。

二、有关要求

（一）主管税务机关要加强对试点纳税人的培训辅导，保障纳税人正确开具专用发票，同时要强化风险防控，加强数据分析比对，认真总结试点经验。

（二）试点纳税人应严格按照专用发票管理有关规定领用、保管、开具专用发票。

本公告自 2017 年 3 月 1 日起施行。

特此公告。

国家税务总局
2017 年 2 月 22 日

国家税务总局关于加强海关进口
增值税抵扣管理的公告

国家税务总局公告 2017 第 3 号

为保护纳税人合法权益,进一步加强增值税管理,打击利用海关进口增值税专用缴款书(以下简称"海关缴款书")骗抵税款犯罪活动,税务总局决定全面提升海关缴款书稽核比对级别,强化对海关进口增值税的抵扣管理。现将有关事项公告如下:

增值税一般纳税人进口货物时应准确填报企业名称,确保海关缴款书上的企业名称与税务登记的企业名称一致。税务机关将进口货物取得的属于增值税抵扣范围的海关缴款书信息与海关采集的缴款信息进行稽核比对。经稽核比对相符后,海关缴款书上注明的增值税额可作为进项税额在销项税额中抵扣。稽核比对不相符,所列税额暂不得抵扣,待核查确认海关缴款书票面信息与纳税人实际进口业务一致后,海关缴款书上注明的增值税额可作为进项税额在销项税额中抵扣。

税务部门应加强对纳税人的辅导,充分利用多种渠道向全社会广泛宣传,赢得纳税人的理解和支持。

本公告自发布之日起实施。

特此公告。

国家税务总局
2017 年 2 月 13 日

关于资管产品增值税政策
有关问题的补充通知

财税〔2017〕2号

各省、自治区、直辖市、计划单列市财政厅（局）、国家税务局，地方税务局，新疆生产建设兵团财务局：

现就《财政部 国家税务总局关于明确金融 房地产开发 教育辅助服务等增值税政策的通知》（财税〔2016〕140号）第四条规定的"资管产品运营过程中发生的增值税应税行为，以资管产品管理人为增值税纳税人"问题补充通知如下：

2017年7月1日（含）以后，资管产品运营过程中发生的增值税应税行为，以资管产品管理人为增值税纳税人，按照现行规定缴纳增值税。

对资管产品在2017年7月1日前运营过程中发生的增值税应税行为，未缴纳增值税的，不再缴纳；已缴纳增值税的，已纳税额从资管产品管理人以后月份的增值税应纳税额中抵减。

资管产品运营过程中发生增值税应税行为的具体征收管理办法，由国家税务总局另行制定。

财政部 国家税务总局
2017年1月6日

关于明确金融、房地产开发、教育辅助服务等增值税政策的通知

财税〔2016〕140号

各省、自治区、直辖市、计划单列市财政厅（局）、国家税务局，地方税务局，新疆生产建设兵团财务局：

现将营改增试点期间有关金融、房地产开发、教育辅助服务等政策补充通知如下：

一、《销售服务、无形资产、不动产注释》（财税〔2016〕36号）第一条第（五）项第1点所称"保本收益、报酬、资金占用费、补偿金"，是指合同中明确承诺到期本金可全部收回的投资收益。金融商品持有期间（含到期）取得的非保本的上述收益，不属于利息或利息性质的收入，不征收增值税。

二、纳税人购入基金、信托、理财产品等各类资产管理产品持有至到期，不属于《销售服务、无形资产、不动产注释》（财税〔2016〕36号）第一条第（五）项第4点所称的金融商品转让。

三、证券公司、保险公司、金融租赁公司、证券基金管理公司、证券投资基金以及其他经人民银行、银监会、证监会、保监会批准成立且经营金融保险业务的机构发放贷款后，自结息日起90天内发生的应收未收利息按现行规定缴纳增值税，自结息日起90天后发生的应收未收利息暂不缴纳增值税，待实际收到利息时按规定缴纳增值税。

四、资管产品运营过程中发生的增值税应税行为，以资管产品管理人为增值税纳税人。

五、纳税人2016年1-4月份转让金融商品出现的负差，可结转下一纳税期，与2016年5-12月份转让金融商品销售额相抵。

六、《财政部 国家税务总局关于全面推开营业税改征增值税试点的通知》（财税〔2016〕36号）所称"人民银行、银监会或者商务部批准"、"商务部授权的省级商务主管部门和国家经济技术开发区批准"从事融资租赁业务（含融资性售后回租业务）的试点纳税人（含试点纳税人中的一般纳税人），包括经上述部门备案从事融资租赁业务的试点纳税人。

七、《营业税改征增值税试点有关事项的规定》（财税〔2016〕36

号）第一条第（三）项第 10 点中"向政府部门支付的土地价款"，包括土地受让人向政府部门支付的征地和拆迁补偿费用、土地前期开发费用和土地出让收益等。

房地产开发企业中的一般纳税人销售其开发的房地产项目（选择简易计税方法的房地产老项目除外），在取得土地时向其他单位或个人支付的拆迁补偿费用也允许在计算销售额时扣除。纳税人按上述规定扣除拆迁补偿费用时，应提供拆迁协议、拆迁双方支付和取得拆迁补偿费用凭证等能够证明拆迁补偿费用真实性的材料。

八、房地产开发企业（包括多个房地产开发企业组成的联合体）受让土地向政府部门支付土地价款后，设立项目公司对该受让土地进行开发，同时符合下列条件的，可由项目公司按规定扣除房地产开发企业向政府部门支付的土地价款。

（一）房地产开发企业、项目公司、政府部门三方签订变更协议或补充合同，将土地受让人变更为项目公司；

（二）政府部门出让土地的用途、规划等条件不变的情况下，签署变更协议或补充合同时，土地价款总额不变；

（三）项目公司的全部股权由受让土地的房地产开发企业持有。

九、提供餐饮服务的纳税人销售的外卖食品，按照"餐饮服务"缴纳增值税。

十、宾馆、旅馆、旅社、度假村和其他经营性住宿场所提供会议场地及配套服务的活动，按照"会议展览服务"缴纳增值税。

十一、纳税人在游览场所经营索道、摆渡车、电瓶车、游船等取得的收入，按照"文化体育服务"缴纳增值税。

十二、非企业性单位中的一般纳税人提供的研发和技术服务、信息技术服务、鉴证咨询服务，以及销售技术、著作权等无形资产，可以选择简易计税方法按照3%征收率计算缴纳增值税。

非企业性单位中的一般纳税人提供《营业税改征增值税试点过渡政策的规定》（财税〔2016〕36号）第一条第（二十六）项中的"技术转让、技术开发和与之相关的技术咨询、技术服务"，可以参照上述规定，选择简易计税方法按照3%征收率计算缴纳增值税。

十三、一般纳税人提供教育辅助服务，可以选择简易计税方法按照3%征收率计算缴纳增值税。

十四、纳税人提供武装守护押运服务，按照"安全保护服务"缴纳增值税。

十五、物业服务企业为业主提供的装修服务，按照"建筑服务"缴纳增值税。

十六、纳税人将建筑施工设备出租给他人使用并配备操作人员的，按照"建筑服务"缴纳增值税。

十七、自2017年1月1日起，生产企业销售自产的海洋工程结构物，或者融资租赁企业及其设立的项目子公司、金融租赁公司及其设立的项目子公司购买并以融资租赁方式出租的国内生产企业生产的海洋工程结构物，应按规定缴纳增值税，不再适用《财政部国家税务总局关于出口货物劳务增值税和消费税政策的通知》（财税〔2012〕39号）或者《财政部国家税务总局关于在全国开展融资租赁货物出口退税政策试点的通知》（财税〔2014〕62号）规定的增值税出口退税政策，但购买方或者承租方为按实物征收增值税的中外合作油（气）田开采企业的除外。

2017年1月1日前签订的海洋工程结构物销售合同或者融资租赁合同，在合同到期前，可继续按现行相关出口退税政策执行。

十八、本通知除第十七条规定的政策外，其他均自2016年5月1日起执行。此前已征的应予免征或不征的增值税，可抵减纳税人以后月份应缴纳的增值税。

财政部 国家税务总局
2016年12月21日

国务院关于实行中央对地方
增值税定额返还的通知

国发〔2016〕71号

各省、自治区、直辖市人民政府，国务院各部委、各直属机构：

为进一步完善分税制财政体制，落实全面推开营改增试点后调整中央与地方增值税收入划分过渡方案，国务院决定，从2016年起，调整中央对地方原体制增值税返还办法，由1994年实行分税制财政体制改革时确定的增值税返还，改为以2015年为基数实行定额返还，对增值税增长或下降地区不再实行增量返还或扣减。返还基数的具体数额，由财政部核定。

国务院

2016年12月11日

关于走逃（失联）企业开具增值税专用发票认定处理有关问题的公告

国家税务总局公告 2016 年第 76 号

为进一步加强增值税专用发票管理，有效防范税收风险，根据《中华人民共和国增值税暂行条例》有关规定，现将走逃（失联）企业开具增值税专用发票认定处理的有关问题公告如下：

一、走逃（失联）企业的判定

走逃（失联）企业，是指不履行税收义务并脱离税务机关监管的企业。

根据税务登记管理有关规定，税务机关通过实地调查、电话查询、涉税事项办理核查以及其他征管手段，仍对企业和企业相关人员查无下落的，或虽然可以联系到企业代理记账、报税人员等，但其并不知情也不能联系到企业实际控制人的，可以判定该企业为走逃（失联）企业。

二、走逃（失联）企业开具增值税专用发票的处理

（一）走逃（失联）企业存续经营期间发生下列情形之一的，所对应属期开具的增值税专用发票列入异常增值税扣税凭证（以下简称"异常凭证"）范围。

1. 商贸企业购进、销售货物名称严重背离的；生产企业无实际生产加工能力且无委托加工，或生产能耗与销售情况严重不符，或购进货物并不能直接生产其销售的货物且无委托加工的。

2. 直接走逃失踪不纳税申报，或虽然申报但通过填列增值税纳税申报表相关栏次，规避税务机关审核比对，进行虚假申报的。

（二）增值税一般纳税人取得异常凭证，尚未申报抵扣或申报出口退税的，暂不允许抵扣或办理退税；已经申报抵扣的，一律先作进项税额转出；已经办理出口退税的，税务机关可按照异常凭证所涉及的退税额对该企业其他已审核通过的应退税款暂缓办理出口退税，无其他应退税款或应退税款小于涉及退税额的，可由出口企业提供差额部分的担保。经核实，符合现行增值税进项税额抵扣或出口退税相关规定的，企业可继续申报抵

扣,或解除担保并继续办理出口退税。

(三)异常凭证由开具方主管税务机关推送至接受方所在地税务机关进行处理,具体操作规程另行明确。

本公告自发布之日起施行。

特此公告。

国家税务总局
2016 年 12 月 1 日

关于调整增值税一般纳税人留抵税额申报口径的公告

国家税务总局公告2016年第75号

现将增值税一般纳税人留抵税额有关申报口径公告如下：

一、《国家税务总局关于全面推开营业税改征增值税试点后增值税纳税申报有关事项的公告》（国家税务总局公告2016年第13号）附件1《增值税纳税申报表（一般纳税人适用）》（以下称"申报表主表"）第13栏"上期留抵税额""一般项目"列"本年累计"和第20栏"期末留抵税额""一般项目"列"本年累计"栏次停止使用，不再填报数据。

二、本公告发布前，申报表主表第20栏"期末留抵税额""一般项目"列"本年累计"中有余额的增值税一般纳税人，在本公告发布之日起的第一个纳税申报期，将余额一次性转入第13栏"上期留抵税额""一般项目"列"本月数"中。

三、本公告自2016年12月1日起施行。

特此公告。

国家税务总局
2016年12月1日

关于纳税人转让不动产缴纳增值税差额扣除有关问题的公告

国家税务总局公告 2016 年第 73 号

现将纳税人转让不动产缴纳增值税差额扣除有关问题公告如下：

一、纳税人转让不动产，按照有关规定差额缴纳增值税的，如因丢失等原因无法提供取得不动产时的发票，可向税务机关提供其他能证明契税计税金额的完税凭证等资料，进行差额扣除。

二、纳税人以契税计税金额进行差额扣除的，按照下列公式计算增值税应纳税额：

（一）2016 年 4 月 30 日及以前缴纳契税的

增值税应纳税额＝［全部交易价格（含增值税）－契税计税金额（含营业税）］÷（1+5%）×5%

（二）2016 年 5 月 1 日及以后缴纳契税的

增值税应纳税额＝［全部交易价格（含增值税）÷（1+5%）－契税计税金额（不含增值税）］×5%

三、纳税人同时保留取得不动产时的发票和其他能证明契税计税金额的完税凭证等资料的，应当凭发票进行差额扣除。

本公告自发布之日起施行。此前已发生未处理的事项，按照本公告的规定执行。

特此公告。

国家税务总局
2016 年 11 月 24 日

关于纳税人申请代开增值税发票办理流程的公告

国家税务总局公告2016年第59号

现将纳税人代开发票（纳税人销售取得的不动产和其他个人出租不动产由地税机关代开增值税发票业务除外）办理流程公告如下：

一、办理流程

（一）在地税局委托国税局代征税费的办税服务厅，纳税人按照以下次序办理：

1. 在国税局办税服务厅指定窗口：

（1）提交《代开增值税发票缴纳税款申报单》（见附件）；

（2）自然人申请代开发票，提交身份证件及复印件；

其他纳税人申请代开发票，提交加载统一社会信用代码的营业执照（或税务登记证或组织机构代码证）、经办人身份证件及复印件。

2. 在同一窗口申报缴纳增值税等有关税费。

3. 在同一窗口领取发票。

（二）在国税地税合作、共建的办税服务厅，纳税人按照以下次序办理：

1. 在办税服务厅国税指定窗口：

（1）提交《代开增值税发票缴纳税款申报单》；

（2）自然人申请代开发票，提交身份证件及复印件；

其他纳税人申请代开发票，提交加载统一社会信用代码的营业执照（或税务登记证或组织机构代码证）、经办人身份证件及复印件。

2. 在同一窗口缴纳增值税。

3. 到地税指定窗口申报缴纳有关税费。

4. 到国税指定窗口凭相关缴纳税费证明领取发票。

二、各省税务机关应在本公告规定的基础上，结合本地实际，制定更为细化、更有明确指向和可操作的纳税人申请代开发票办理流程公告，切实将简化优化办税流程落到实处。

三、纳税人销售取得的不动产和其他个人出租不动产代开增值税发票业务所需资料，仍然按照《国家税务总局关于加强和规范税务机关代开普通发票工作的通知》（国税函〔2004〕1024号）第二条第（五）项执行。

本公告自2016年11月15日起施行。

特此公告。

附件：代开增值税发票缴纳税款申报单
http：//hd.chinatax.gov.cn/guoshui/action/ShowAppend.do? id=15116

国家税务总局
2016年8月31日

关于供热企业增值税 房产税 城镇土地使用税优惠政策的通知

财税〔2016〕94号

北京、天津、河北、山西、内蒙古、辽宁、大连、吉林、黑龙江、山东、青岛、河南、陕西、甘肃、宁夏、新疆、青海省（自治区、直辖市、计划单列市）财政厅（局）、国家税务局、地方税务局，新疆生产建设兵团财务局：

为保障居民供热采暖，经国务院批准，现将"三北"地区供热企业（以下简称供热企业）增值税、房产税、城镇土地使用税政策通知如下：

一、自2016年1月1日至2018年供暖期结束，对供热企业向居民个人（以下统称居民）供热而取得的采暖费收入免征增值税。

向居民供热而取得的采暖费收入，包括供热企业直接向居民收取的、通过其他单位向居民收取的和由单位代居民缴纳的采暖费。

免征增值税的采暖费收入，应当按照《中华人民共和国增值税暂行条例》第十六条的规定单独核算。通过热力产品经营企业向居民供热的热力产品生产企业，应当根据热力产品经营企业实际从居民取得的采暖费收入占该经营企业采暖费总收入的比例确定免税收入比例。

本条所称供暖期，是指当年下半年供暖开始至次年上半年供暖结束的期间。

二、自2016年1月1日至2018年12月31日，对向居民供热而收取采暖费的供热企业，为居民供热所使用的厂房及土地免征房产税、城镇土地使用税；对供热企业其他厂房及土地，应当按规定征收房产税、城镇土地使用税。

对专业供热企业，按其向居民供热取得的采暖费收入占全部采暖费收入的比例计算免征的房产税、城镇土地使用税。

对兼营供热企业，视其供热所使用的厂房及土地与其他生产经营活动所使用的厂房及土地是否可以区分，按照不同方法计算免征的房产税、城镇土地使用税。可以区分的，对其供热所使用厂房及土地，按向居民供热取得的采暖费收入占全部采暖费收入的比例计算减免税。难以区分的，对其全部厂房及土地，按向居民供热取得的采暖费收入占其营业收入的比例计算减免税。

对自供热单位,按向居民供热建筑面积占总供热建筑面积的比例计算免征供热所使用的厂房及土地的房产税、城镇土地使用税。

三、本通知所称供热企业,是指热力产品生产企业和热力产品经营企业。热力产品生产企业包括专业供热企业、兼营供热企业和自供热单位。

四、本通知所称"三北"地区,是指北京市、天津市、河北省、山西省、内蒙古自治区、辽宁省、大连市、吉林省、黑龙江省、山东省、青岛市、河南省、陕西省、甘肃省、青海省、宁夏回族自治区和新疆维吾尔自治区。

财政部 国家税务总局

2016 年 8 月 24 日

国家税务总局关于被盗、丢失增值税专用发票有关问题的公告

国家税务总局公告 2016 年第 50 号

为方便纳税人,税务总局决定取消纳税人的增值税专用发票发生被盗、丢失时必须统一在《中国税务报》上刊登"遗失声明"的规定。

本公告自发布之日起施行。《国家税务总局关于被盗、丢失增值税专用发票的处理意见的通知》(国税函〔1995〕292 号)同时废止。

特此公告。

国家税务总局
2016 年 7 月 28 日

关于部分营业税和增值税政策到期延续问题的通知

财税〔2016〕83号

各省、自治区、直辖市、计划单列市财政厅（局）、国家税务局、地方税务局，新疆生产建设兵团财务局：

经国务院批准，现对继续执行农村金融、三农事业部涉农贷款、邮政代办金融保险和新疆国际大巴扎项目有关税收政策通知如下：

一、《财政部 国家税务总局关于农村金融有关税收政策的通知》（财税〔2010〕4号）第三条规定的"对农村信用社、村镇银行、农村资金互助社、由银行业机构全资发起设立的贷款公司、法人机构所在地在县（含县级市、区、旗）及县以下地区的农村合作银行和农村商业银行的金融保险业收入减按3%的税率征收营业税"政策的执行期限延长至2016年4月30日。

二、《财政部 国家税务总局关于中国农业银行三农金融事业部涉农贷款营业税优惠政策的通知》（财税〔2015〕67号）的执行期限延长至2016年4月30日。

三、自2016年1月1日起，中国邮政集团公司及其所属邮政企业为金融机构代办金融保险业务取得的代理收入，在营改增试点期间免征增值税。

四、自2016年1月1日至2016年4月30日，新疆国际大巴扎物业服务有限公司和新疆国际大巴扎文化旅游产业有限公司从事与新疆国际大巴扎项目有关的营业税应税业务，免征营业税；自2016年5月1日至2016年12月31日，对上述营改增应税业务，免征增值税。

五、文到之日前，已征的按照本通知规定应予免征的营业税，予以退还；已征的应予免征的增值税，可抵减纳税人以后月份应缴纳的增值税或予以退还。

财政部 国家税务总局
2016年7月25日

国家税务总局关于红字增值税发票开具有关问题的公告

国家税务总局公告2016年第47号

为进一步规范纳税人开具增值税发票管理，现将红字发票开具有关问题公告如下：

一、增值税一般纳税人开具增值税专用发票（以下简称"专用发票"）后，发生销货退回、开票有误、应税服务中止等情形但不符合发票作废条件，或者因销货部分退回及发生销售折让，需要开具红字专用发票的，按以下方法处理：

（一）购买方取得专用发票已用于申报抵扣的，购买方可在增值税发票管理新系统（以下简称"新系统"）中填开并上传《开具红字增值税专用发票信息表》（以下简称《信息表》，详见附件），在填开《信息表》时不填写相对应的蓝字专用发票信息，应暂依《信息表》所列增值税税额从当期进项税额中转出，待取得销售方开具的红字专用发票后，与《信息表》一并作为记账凭证。

购买方取得专用发票未用于申报抵扣、但发票联或抵扣联无法退回的，购买方填开《信息表》时应填写相对应的蓝字专用发票信息。

销售方开具专用发票尚未交付购买方，以及购买方未用于申报抵扣并将发票联及抵扣联退回的，销售方可在新系统中填开并上传《信息表》。销售方填开《信息表》时应填写相对应的蓝字专用发票信息。

（二）主管税务机关通过网络接收纳税人上传的《信息表》，系统自动校验通过后，生成带有"红字发票信息表编号"的《信息表》，并将信息同步至纳税人端系统中。

（三）销售方凭税务机关系统校验通过的《信息表》开具红字专用发票，在新系统中以销项负数开具。红字专用发票应与《信息表》一一对应。

（四）纳税人也可凭《信息表》电子信息或纸质资料到税务机关对《信息表》内容进行系统校验。

二、税务机关为小规模纳税人代开专用发票，需要开具红字专用发票的，按照一般纳税人开具红字专用发票的方法处理。

三、纳税人需要开具红字增值税普通发票的，可以在所对应的蓝字发票金额范围内开具多份红字发票。红字机动车销售统一发票需与原蓝字机动车销售统一发票一一对应。

四、按照《国家税务总局关于纳税人认定或登记为一般纳税人前进项税额抵扣问题的公告》（国家税务总局公告 2015 年第 59 号）的规定，需要开具红字专用发票的，按照本公告规定执行。

五、本公告自 2016 年 8 月 1 日起施行，《国家税务总局关于推行增值税发票系统升级版有关问题的公告》（国家税务总局公告 2014 年第 73 号）第四条、附件 1、附件 2 和《国家税务总局关于全面推行增值税发票系统升级版有关问题的公告》（国家税务总局公告 2015 年第 19 号）第五条、附件 1、附件 2 同时废止。此前未处理的事项，按照本公告规定执行。

特此公告。

附件：开具红字增值税专用发票信息表
http://hd.chinatax.gov.cn/guoshui/action/ShowAppend.do?id=15045

国家税务总局
2016 年 7 月 20 日

国家税务总局关于加强增值税税控系统管理有关问题的通知

税总函〔2016〕368号

各省、自治区、直辖市和计划单列市国家税务局：

为进一步加强增值税税控系统管理，提高办税效率，提升纳税人对税控服务满意度，现将有关问题通知如下：

一、集团总部采取集中购买税控一体化解决方案的纳税人，其所需的税控专用设备可以直接向航天信息股份有限公司或国家信息安全工程技术研究中心，以及上述两家单位授权的销售单位（以下简称销售单位）购买。销售单位应保障税控专用设备的质量和如数供应，不得以任何理由推诿、拖延或者拒绝纳税人购买税控专用设备的要求。

各地税务机关要及时为纳税人或其书面委托的单位办理税控专用设备发行，不限定只为本省范围购买的税控专用设备进行发行。各地税务机关要进一步简化税控专用设备发行流程，提高办税效率。

二、纳税人购买税控专用设备后，销售单位不得向纳税人指定增值税税控系统维护服务单位（以下简称服务单位），不得强迫纳税人接受服务。纳税人可在所在区域范围内具备服务资格的服务单位间自行选择。

纳税人向服务单位提出安装要求后，服务单位应在3个工作日内完成纳税人增值税税控系统的安装、调试，不得以任何理由推诿、拖延或拒绝。

承担集团总部集中购买税控一体化解决方案的单位，应为纳税人做好增值税税控系统的维护服务，可以自建服务体系，并接受当地税务机关的监督管理，也可委托具备服务资格的服务单位提供服务，并承担相关责任。

三、严禁销售单位及服务单位借销售税控专用设备或维护服务之机违规搭售设备、软件、其他商品，或收取规定之外的各种名目的费用。《国家税务总局关于发布增值税发票税控开票软件数据接口规范的公告》（国家税务总局公告2016年第25号），已对纳税人使用的增值税发票税控开票软件相关数据接口规范予以发布，供纳税人免费使用，任何单位和个人不得向使用增值税税控系统的纳税人收取任何名义的开票软件接口费用。

四、各地税务机关要加强对销售单位、服务单位的监督管理，及时回应纳税人投诉，对存在问题的销售单位、服务单位责令其立即纠正，并限期整改。对违反规定的，按照《增值税税控系统服务单位监督管理办法》有关规定严肃处理。

国家税务总局
2016 年 7 月 19 日

关于纳税人异地预缴增值税有关城市维护建设税和教育费附加政策问题的通知

财税〔2016〕74号

各省、自治区、直辖市、计划单列市财政厅（局）、国家税务局、地方税务局，新疆生产建设兵团财务局：

根据全面推开"营改增"试点后增值税政策调整情况，现就纳税人异地预缴增值税涉及的城市维护建设税和教育费附加政策执行问题通知如下：

一、纳税人跨地区提供建筑服务、销售和出租不动产的，应在建筑服务发生地、不动产所在地预缴增值税时，以预缴增值税税额为计税依据，并按预缴增值税所在地的城市维护建设税适用税率和教育费附加征收率就地计算缴纳城市维护建设税和教育费附加。

二、预缴增值税的纳税人在其机构所在地申报缴纳增值税时，以其实际缴纳的增值税税额为计税依据，并按机构所在地的城市维护建设税适用税率和教育费附加征收率就地计算缴纳城市维护建设税和教育费附加。

三、本通知自2016年5月1日起执行。

财政部 国家税务总局
2016年7月12日

国家税务总局关于部分地区开展住宿业增值税小规模纳税人自开增值税专用发票试点工作有关事项的公告

国家税务总局公告 2016 年第 44 号

为保障全面推开营改增试点工作顺利实施，方便纳税人发票使用，税务总局决定，在部分地区开展住宿业增值税小规模纳税人自行开具增值税专用发票（以下简称专用发票）试点工作。现将有关事项公告如下：

一、试点范围

试点范围限于全国 91 个城市（名单见附件）月销售额超过 3 万元（或季销售额超过 9 万元）的住宿业增值税小规模纳税人（以下称试点纳税人）。

二、试点内容

（一）试点纳税人提供住宿服务、销售货物或发生其他应税行为，需要开具专用发票的，可以通过增值税发票管理新系统自行开具，主管国税机关不再为其代开。

试点纳税人销售其取得的不动产，需要开具专用发票的，仍须向地税机关申请代开。

（二）主管税务机关为试点纳税人核定的单份专用发票最高开票限额不超过一万元。

（三）试点纳税人所开具的专用发票应缴纳的税款，应在规定的纳税申报期内，向主管税务机关申报纳税。在填写增值税纳税申报表时，应将当期开具专用发票的销售额，按照 3% 和 5% 的征收率，分别填写在《增值税纳税申报表》（小规模纳税人适用）第 2 栏和第 5 栏"税务机关代开的增值税专用发票不含税销售额"的"本期数"相应栏次中。

三、有关要求

主管税务机关要加强对试点纳税人的培训辅导，保障纳税人正确开具专用发票，同时要强化风险防控，加强数据分析比对，认真总结试点经验。

试点纳税人应严格按照专用发票管理有关规定领用、保管、开具专用发票。

本公告自 2016 年 8 月 1 日起施行。

特此公告。

附件：试点城市名单

http：//www.chinatax.gov.cn/n810341/n810755/c2208831/content.html

国家税务总局

2016 年 7 月 6 日

关于金融机构同业往来等增值税
政策的补充通知

财税〔2016〕70号

各省、自治区、直辖市、计划单列市财政厅（局）、国家税务局、地方税务局，新疆生产建设兵团财务局：

经研究，现将营改增试点期间有关金融业政策补充通知如下：

一、金融机构开展下列业务取得的利息收入，属于《营业税改征增值税试点过渡政策的规定》（财税〔2016〕36号，以下简称《过渡政策的规定》）第一条第（二十三）项所称的金融同业往来利息收入：

（一）同业存款。

同业存款，是指金融机构之间开展的同业资金存入与存出业务，其中资金存入方仅为具有吸收存款资格的金融机构。

（二）同业借款。

同业借款，是指法律法规赋予此项业务范围的金融机构开展的同业资金借出和借入业务。此条款所称"法律法规赋予此项业务范围的金融机构"主要是指农村信用社之间以及在金融机构营业执照列示的业务范围中有反映为"向金融机构借款"业务的金融机构。

（三）同业代付。

同业代付，是指商业银行（受托方）接受金融机构（委托方）的委托向企业客户付款，委托方在约定还款日偿还代付款项本息的资金融通行为。

（四）买断式买入返售金融商品。

买断式买入返售金融商品，是指金融商品持有人（正回购方）将债券等金融商品卖给债券购买方（逆回购方）的同时，交易双方约定在未来某一日期，正回购方再以约定价格从逆回购方买回相等数量同种债券等金融商品的交易行为。

（五）持有金融债券。

金融债券，是指依法在中华人民共和国境内设立的金融机构法人在全国银行间和交易所债券市场发行的、按约定还本付息的有价证券。

（六）同业存单。

同业存单，是指银行业存款类金融机构法人在全国银行间市场上发行的记账式定期存款凭证。

二、商业银行购买央行票据、与央行开展货币掉期和货币互存等业务属于《过渡政策的规定》第一条第（二十三）款第 1 项所称的金融机构与人民银行所发生的资金往来业务。

三、境内银行与其境外的总机构、母公司之间，以及境内银行与其境外的分支机构、全资子公司之间的资金往来业务属于《过渡政策的规定》第一条第（二十三）款第 2 项所称的银行联行往来业务。

四、人民币合格境外投资者（RQFII）委托境内公司在我国从事证券买卖业务，以及经人民银行认可的境外机构投资银行间本币市场取得的收入属于《过渡政策的规定》第一条第（二十二）款所称的金融商品转让收入。

银行间本币市场包括货币市场、债券市场以及衍生品市场。

五、本通知自 2016 年 5 月 1 日起执行。

财政部 国家税务总局
2016 年 6 月 30 日

促进残疾人就业增值税
优惠政策管理办法

国家税务总局关于发布《促进残疾人
就业增值税优惠政策管理办法》的公告
国家税务总局公告 2016 年第 33 号

为规范和完善促进残疾人就业增值税优惠政策管理，国家税务总局制定了《促进残疾人就业增值税优惠政策管理办法》，现予以公布，自 2016 年 5 月 1 日起施行。

特此公告。

附件：安置残疾人纳税人申请增值税退税声明
http://www.chinatax.gov.cn/n810341/n810755/c2159348/content.html

国家税务总局
2016 年 5 月 27 日

第一条 为加强促进残疾人就业增值税优惠政策管理，根据《财政部 国家税务总局关于促进残疾人就业增值税优惠政策的通知》（财税〔2016〕52号）、《国家税务总局关于发布〈税收减免管理办法〉的公告》（国家税务总局公告 2015 年第 43 号）及有关规定，制定本办法。

第二条 纳税人享受安置残疾人增值税即征即退优惠政策，适用本办法规定。

本办法所指纳税人，是指安置残疾人的单位和个体工商户。

第三条 纳税人首次申请享受税收优惠政策，应向主管税务机关提供以下备案资料：

（一）《税务资格备案表》。

（二）安置的残疾人的《中华人民共和国残疾人证》或者《中华人民共和国残疾军人证（1至8级）》复印件，注明与原件一致，并逐页加盖公章。安置精神残疾人的，提供精神残疾人同意就业的书面声明以及其法定监护人签字或印章的证明精神残疾人具有劳动条件和劳动意愿的书面材料。

（三）安置的残疾人的身份证明复印件，注明与原件一致，并逐页加盖公章。

第四条 主管税务机关受理备案后，应将全部《中华人民共和国残疾人证》或者《中华人民共和国残疾军人证（1至8级）》信息以及所安置残疾人的身份证明信息录入征管系统。

第五条 纳税人提供的备案资料发生变化的，应于发生变化之日起15日内就变化情况向主管税务机关办理备案。

第六条 纳税人申请退还增值税时，需报送如下资料：

（一）《退（抵）税申请审批表》。

（二）《安置残疾人纳税人申请增值税退税声明》。

（三）当期为残疾人缴纳社会保险费凭证的复印件及由纳税人加盖公章确认的注明缴纳人员、缴纳金额、缴纳期间的明细表。

（四）当期由银行等金融机构或纳税人加盖公章的按月为残疾人支付工资的清单。

特殊教育学校举办的企业，申请退还增值税时，不提供资料（三）和资料（四）。

第七条 纳税人申请享受税收优惠政策，应对报送资料的真实性和合法性承担法律责任。主管税务机关对纳税人提供资料的完整性和增值税退税额计算的准确性进行审核。

第八条 主管税务机关受理退税申请后，查询纳税人的纳税信用等级，对符合信用条件的，审核计算应退增值税额，并按规定办理退税。

第九条 纳税人本期应退增值税额按以下公式计算：

本期应退增值税额＝本期所含月份每月应退增值税额之和

月应退增值税额＝纳税人本月安置残疾人员人数×本月月最低工资标准的4倍

月最低工资标准，是指纳税人所在区县（含县级市、旗）适用的经省（含自治区、直辖市、计划单列市）人民政府批准的月最低工资标准。

纳税人本期已缴增值税额小于本期应退税额不足退还的，可在本年度内以前纳税期已缴增值税额扣除已退增值税额的余额中退还，仍不足退还的可结转本年度内以后纳税期退还。年度已缴增值税额小于或等于年度应退税额的，退税额为年度已缴增值税额；年度已缴增值税额大于年度应退税额的，退税额为年度应退税额。年度已缴增值税额不足退还的，不得结转以后年度退还。

第十条　纳税人新安置的残疾人从签订劳动合同并缴纳社会保险的次月起计算，其他职工从录用的次月起计算；安置的残疾人和其他职工减少的，从减少当月计算。

第十一条　主管税务机关应于每年2月底之前，在其网站或办税服务厅，将本地区上一年度享受安置残疾人增值税优惠政策的纳税人信息，按下列项目予以公示：纳税人名称、纳税人识别号、法人代表、计算退税的残疾人职工人次等。

第十二条　享受促进残疾人就业增值税优惠政策的纳税人，对能证明或印证符合政策规定条件的相关材料负有留存备查义务。纳税人在税务机关后续管理中不能提供相关材料的，不得继续享受优惠政策。税务机关应追缴其相应纳税期内已享受的增值税退税，并依照税收征管法及其实施细则的有关规定处理。

第十三条　各地税务机关要加强税收优惠政策落实情况的后续管理，对纳税人进行定期或不定期检查。检查发现纳税人不符合财税〔2016〕52号文件规定的，按有关规定予以处理。

第十四条　本办法实施前已办理税收优惠资格备案的纳税人，主管税务机关应检查其已备案资料是否满足本办法第三条规定，残疾人信息是否已按第四条规定录入信息系统，如有缺失，应要求纳税人补充报送备案资料，补录信息。

第十五条　各省、自治区、直辖市和计划单列市国家税务局，应定期或不定期在征管系统中对残疾人信息进行比对，发现异常的，按相关规定处理。

第十六条　本办法自2016年5月1日起施行。

关于促进残疾人就业增值税
优惠政策的通知

财税〔2016〕52号

各省、自治区、直辖市、计划单列市财政厅（局）、国家税务局，新疆生产建设兵团财务局：

为继续发挥税收政策促进残疾人就业的作用，进一步保障残疾人权益，经国务院批准，决定对促进残疾人就业的增值税政策进行调整完善。现将有关政策通知如下：

一、对安置残疾人的单位和个体工商户（以下称纳税人），实行由税务机关按纳税人安置残疾人的人数，限额即征即退增值税的办法。

安置的每位残疾人每月可退还的增值税具体限额，由县级以上税务机关根据纳税人所在区县（含县级市、旗，下同）适用的经省（含自治区、直辖市、计划单列市，下同）人民政府批准的月最低工资标准的4倍确定。

二、享受税收优惠政策的条件

（一）纳税人（除盲人按摩机构外）月安置的残疾人占在职职工人数的比例不低于25%（含25%），并且安置的残疾人人数不少于10人（含10人）；

盲人按摩机构月安置的残疾人占在职职工人数的比例不低于25%（含25%），并且安置的残疾人人数不少于5人（含5人）。

（二）依法与安置的每位残疾人签订了一年以上（含一年）的劳动合同或服务协议。

（三）为安置的每位残疾人按月足额缴纳了基本养老保险、基本医疗保险、失业保险、工伤保险和生育保险等社会保险。

（四）通过银行等金融机构向安置的每位残疾人，按月支付了不低于纳税人所在区县适用的经省人民政府批准的月最低工资标准的工资。

三、《财政部 国家税务总局关于教育税收政策的通知》（财税〔2004〕39号）第一条第7项规定的特殊教育学校举办的企业，只要符合本通知第二条第（一）项第一款规定的条件，即可享受本通知第一条规定的增值税优惠政策。这类企业在计算残疾人人数时可将在企业上岗工作的特殊教育学校的全日制在校学生计算在内,在计算企业在职职工人数时也要将上述学生计算在内。

四、纳税人中纳税信用等级为税务机关评定的 C 级或 D 级的,不得享受本通知第一条、第三条规定的政策。

五、纳税人按照纳税期限向主管国税机关申请退还增值税。本纳税期已交增值税额不足退还的,可在本纳税年度内以前纳税期已交增值税扣除已退增值税的余额中退还,仍不足退还的可结转本纳税年度内以后纳税期退还,但不得结转以后年度退还。纳税期限不为按月的,只能对其符合条件的月份退还增值税。

六、本通知第一条规定的增值税优惠政策仅适用于生产销售货物,提供加工、修理修配劳务,以及提供营改增现代服务和生活服务税目(不含文化体育服务和娱乐服务)范围的服务取得的收入之和,占其增值税收入的比例达到 50% 的纳税人,但不适用于上述纳税人直接销售外购货物(包括商品批发和零售)以及销售委托加工的货物取得的收入。

纳税人应当分别核算上述享受税收优惠政策和不得享受税收优惠政策业务的销售额,不能分别核算的,不得享受本通知规定的优惠政策。

七、如果既适用促进残疾人就业增值税优惠政策,又适用重点群体、退役士兵、随军家属、军转干部等支持就业的增值税优惠政策的,纳税人可自行选择适用的优惠政策,但不能累加执行。一经选定,36 个月内不得变更。

八、残疾人个人提供的加工、修理修配劳务,免征增值税。

九、税务机关发现已享受本通知增值税优惠政策的纳税人,存在不符合本通知第二条、第三条规定条件,或者采用伪造或重复使用残疾人证、残疾军人证等手段骗取本通知规定的增值税优惠的,应将纳税人发生上述违法违规行为的纳税期内按本通知已享受到的退税全额追缴入库,并自发现当月起 36 个月内停止其享受本通知规定的各项税收优惠。

十、本通知有关定义

(一)残疾人,是指法定劳动年龄内,持有《中华人民共和国残疾人证》或者《中华人民共和国残疾军人证(1 至 8 级)》的自然人,包括具有劳动条件和劳动意愿的精神残疾人。

(二)残疾人个人,是指自然人。

(三)在职职工人数,是指与纳税人建立劳动关系并依法签订劳动合同或者服务协议的雇员人数。

（四）特殊教育学校举办的企业，是指特殊教育学校主要为在校学生提供实习场所、并由学校出资自办、由学校负责经营管理、经营收入全部归学校所有的企业。

十一、本通知规定的增值税优惠政策的具体征收管理办法，由国家税务总局制定。

十二、本通知自2016年5月1日起执行，《财政部 国家税务总局关于促进残疾人就业税收优惠政策的通知》（财税〔2007〕92号）、《财政部 国家税务总局关于将铁路运输和邮政业纳入营业税改征增值税试点的通知》（财税〔2013〕106号）附件3第二条第（二）项同时废止。纳税人2016年5月1日前执行财税〔2007〕92号和财税〔2013〕106号文件发生的应退未退的增值税余额，可按照本通知第五条规定执行。

财政部 国家税务总局
2016年5月5日

国家税务总局关于推行通过增值税电子发票系统开具的增值税电子普通发票有关问题的公告

国家税务总局公告 2015 年第 84 号

为进一步适应经济社会发展和税收现代化建设需要，税务总局在增值税发票系统升级版基础上，组织开发了增值税电子发票系统，经过前期试点，系统运行平稳，具备了全国推行的条件。为了满足纳税人开具增值税电子普通发票的需求，现将有关问题公告如下：

一、推行通过增值税电子发票系统开具的增值税电子普通发票，对降低纳税人经营成本，节约社会资源，方便消费者保存使用发票，营造健康公平的税收环境有着重要作用。

二、通过增值税电子发票系统开具的增值税电子普通发票票样见附件1。

三、增值税电子普通发票的开票方和受票方需要纸质发票的，可以自行打印增值税电子普通发票的版式文件，其法律效力、基本用途、基本使用规定等与税务机关监制的增值税普通发票相同。

四、增值税电子普通发票的发票代码为12位，编码规则：第1位为0，第2-5位代表省、自治区、直辖市和计划单列市，第6-7位代表年度，第8-10位代表批次，第11-12位代表票种（11代表增值税电子普通发票）。发票号码为8位，按年度、分批次编制。

五、除北京市、上海市、浙江省、深圳市外，其他地区已使用电子发票的增值税纳税人，应于2015年12月31日前完成相关系统对接技术改造，2016年1月1日起使用增值税电子发票系统开具增值税电子普通发票，其他开具电子发票的系统同时停止使用。有关系统技术方案见附件。

六、各地税务机关要做好纳税人的宣传组织工作，重点做好开票量较大的行业如电商、电信、快递、公用事业等行业增值税电子发票推行工作。

七、本公告自 2015 年 12 月 1 日起施行。

特此公告。

附件：1. ××增值税电子普通发票（票样）

http：//www.chinatax.gov.cn/n810341/n810755/c1919901/part/1919917.doc

国家税务总局
2015 年 11 月 26 日

国家税务总局关于停止使用货物运输业增值税专用发票有关问题的公告

国家税务总局公告 2015 年第 99 号

为规范增值税发票管理，方便纳税人发票使用，税务总局决定停止使用货物运输业增值税专用发票（以下简称货运专票），现将有关问题公告如下：

一、增值税一般纳税人提供货物运输服务，使用增值税专用发票和增值税普通发票，开具发票时应将起运地、到达地、车种车号以及运输货物信息等内容填写在发票备注栏中，如内容较多可另附清单。

二、为避免浪费，方便纳税人发票使用衔接，货运专票最迟可使用至 2016 年 6 月 30 日，7 月 1 日起停止使用。

三、铁路运输企业受托代征的印花税款信息，可填写在发票备注栏中。中国铁路总公司及其所属运输企业（含分支机构）提供货物运输服务，可自 2015 年 11 月 1 日起使用增值税专用发票和增值税普通发票，所开具的铁路货票、运费杂费收据可作为发票清单使用。

四、除本公告第三条外，其他规定自 2016 年 1 月 1 日起施行，《国家税务总局关于铁路运输和邮政业营业税改征增值税发票及税控系统使用问题的公告》（国家税务总局公告 2013 年第 76 号）第一条第一项、第二条、第三条同时废止。

特此公告。

国家税务总局
2015 年 12 月 31 日

关于营业税改征增值税试点有关文化事业建设费政策及征收管理问题的补充通知

财税〔2016〕60号

各省、自治区、直辖市、计划单列市财政厅（局）、国家税务局、地方税务局：

为促进文化事业发展，现就全面推开营业税改征增值税试点（以下简称营改增）后娱乐服务征收文化事业建设费有关事项补充通知如下：

一、在中华人民共和国境内提供娱乐服务的单位和个人（以下称缴纳义务人），应按照本通知以及《财政部国家税务总局关于营业税改征增值税试点有关文化事业建设费政策及征收管理问题的通知》（财税〔2016〕25号）的规定缴纳文化事业建设费。

二、缴纳义务人应按照提供娱乐服务取得的计费销售额和3%的费率计算娱乐服务应缴费额，计算公式如下：

娱乐服务应缴费额=娱乐服务计费销售额×3%

娱乐服务计费销售额，为缴纳义务人提供娱乐服务取得的全部含税价款和价外费用。

三、未达到增值税起征点的缴纳义务人，免征文化事业建设费。

四、本通知所称娱乐服务，是指《财政部 国家税务总局关于全面推开营业税改征增值税试点的通知》（财税〔2016〕36号）的《销售服务、无形资产、不动产注释》中"娱乐服务"范围内的服务。

五、本通知自2016年5月1日起执行。《财政部 国家税务总局关于印发〈文化事业建设费征收管理暂行办法〉的通知》（财税字〔1997〕95号）同时废止。

财政部 国家税务总局
2016年5月13日

关于继续执行研发机构采购设备增值税政策的通知

财税〔2016〕121号

各省、自治区、直辖市、计划单列市财政厅（局）、商务主管部门、国家税务局，新疆生产建设兵团财务局：

为了鼓励科学研究和技术开发，促进科技进步，经国务院批准，继续对内资研发机构和外资研发中心采购国产设备全额退还增值税。现将有关事项明确如下：

一、适用采购国产设备全额退还增值税政策的内资研发机构和外资研发中心包括：

（一）科技部会同财政部、海关总署和国家税务总局核定的科技体制改革过程中转制为企业和进入企业的主要从事科学研究和技术开发工作的机构；

（二）国家发展改革委会同财政部、海关总署和国家税务总局核定的国家工程研究中心；

（三）国家发展改革委会同财政部、海关总署、国家税务总局和科技部核定的企业技术中心；

（四）科技部会同财政部、海关总署和国家税务总局核定的国家重点实验室和国家工程技术研究中心；

（五）国务院部委、直属机构和省、自治区、直辖市、计划单列市所属专门从事科学研究工作的各类科研院所；

（六）国家承认学历的实施专科及以上高等学历教育的高等学校；

（七）符合本通知第二条规定的外资研发中心；

（八）财政部会同国务院有关部门核定的其他科学研究机构、技术开发机构和学校。

二、外资研发中心，根据其设立时间，应分别满足下列条件：

（一）2009年9月30日及其之前设立的外资研发中心，应同时满足下列条件：

1. 研发费用标准：（1）对外资研发中心，作为独立法人的，其投资总额不低于500万美元；作为公司内设部门或分公司的非独立法人的，其研发总投入不低于500万美元；（2）企业研发经费年支出额不低于1000万元。

2. 专职研究与试验发展人员不低于90人。

3. 设立以来累计购置的设备原值不低于1000万元。

（二）2009年10月1日及其之后设立的外资研发中心，应同时满足下列条件：

1. 研发费用标准：作为独立法人的，其投资总额不低于800万美元；作为公司内设部门或分公司的非独立法人的，其研发总投入不低于800万美元。

2. 专职研究与试验发展人员不低于150人。

3. 设立以来累计购置的设备原值不低于2000万元。

外资研发中心须经商务主管部门会同有关部门按照上述条件进行资格审核认定。具体审核认定办法见附件1。在2015年12月31日（含）以前，已取得退税资格未满2年暂不需要进行资格复审的、按规定已复审合格的外资研发中心，在2015年12月31日享受退税未满2年的，可继续享受至2年期满。

经认定的外资研发中心，因自身条件变化不再符合退税资格的认定条件或发生涉税违法行为的，不得享受退税政策。

三、具体退税管理办法由国家税务总局会同财政部另行制定。

四、本通知的有关定义。

（一）本通知所述"投资总额"，是指外商投资企业批准证书或设立、变更备案回执所载明的金额。

（二）本通知所述"研发总投入"，是指外商投资企业专门为设立和建设本研发中心而投入的资产，包括即将投入并签订购置合同的资产（应提交已采购资产清单和即将采购资产的合同清单）。

（三）本通知所述"研发经费年支出额"，是指近两个会计年度研发经费年均支出额；不足两个完整会计年度的，可按外资研发中心设立以来任意连续12个月的实际研发经费支出额计算；现金与实物资产投入应不低于60%。

（四）本通知所述"专职研究与试验发展人员"，是指企业科技活动人员中专职从事基础研究、应用研究和试验发展三类项目活动的人员，包括直接参加上述三类项目活动的人员以及相关专职科技管理人员和为项目提供资料文献、材料供应、设备的直接服务人员，上述人员须与外资研中心或其所在外商投资企业签订1年以上劳动合同，以外资研发中心提交申请的前一日人数为准。

（五）本通知所述"设备"，是指为科学研究、教学和科技开发提供必要条件的实验设备、装置和器械。在计算累计购置的设备原值时，应将进口设备和采购国产设备的原值一并计入，包括已签订购置合同并于当年内交货的设备（应提交购置合同清单及交货期限），上述设备应属于本通知《科技开发、科学研究和教学设备清单》所列设备（见附件2）。对执行中国产设备范围存在异议的，由主管税务机关逐级上报国家税务总局商财政部核定。

五、本通知规定的税收政策执行期限为2016年1月1日至2018年12月31日，具体从内资研发机构和外资研发中心取得退税资格的次月1日起执行。《财政部 商务部 海关总署 国家税务总局关于继续执行研发机构采购设备税收政策的通知》（财税〔2011〕88号）同时废止。

附件：1、外资研发中心采购国产设备退税资格审核认定办法.docx
2、科技开发、科学研究和教学设备清单.docx
http://szs.mof.gov.cn/zhengwuxinxi/zhengcefabu/201611/P020161123343459960968.docx

财政部 商务部 国家税务总局
2016年11月16日

中华人民共和国土地增值税暂行条例

中华人民共和国土地增值税暂行条例

中华人民共和国国务院令

第 588 号

《国务院关于废止和修改部分行政法规的决定》已经 2010 年 12 月 29 日国务院第 138 次常务会议通过，现予公布，自公布之日起施行。

总理　温家宝

二○一一年一月八日

（1993 年 12 月 13 日中华人民共和国国务院令第 138 号发布；根据 2011 年 1 月 8 日《国务院关于废止和修改部分行政法规的决定》修订）

第一条　为了规范土地、房地产市场交易秩序，合理调节土地增值收益，维护国家权益，制定本条例。

第二条　转让国有土地使用权、地上的建筑物及其附着物（以下简称转让房地产）并取得收入的单位和个人，为土地增值税的纳税义务人（以下简称纳税人），应当依照本条例缴纳土地增值税。

第三条　土地增值税按照纳税人转让房地产所取得的增值额和本条例第七条规定的税率计算征收。

第四条 纳税人转让房地产所取得的收入减除本条例第六条规定扣除项目金额后的余额,为增值额。

第五条 纳税人转让房地产所取得的收入,包括货币收入、实物收入和其他收入。

第六条 计算增值额的扣除项目:

(一)取得土地使用权所支付的金额;

(二)开发土地的成本、费用;

(三)新建房及配套设施的成本、费用,或者旧房及建筑物的评估价格;

(四)与转让房地产有关的税金;

(五)财政部规定的其他扣除项目。

第七条 土地增值税实行四级超率累进税率:

增值额未超过扣除项目金额50%的部分,税率为30%。

增值额超过扣除项目金额50%、未超过扣除项目金额100%的部分,税率为40%。

增值额超过扣除项目金额100%、未超过扣除项目金额200%的部分,税率为50%。

增值额超过扣除项目金额200%的部分,税率为60%。

第八条 有下列情形之一的,免征土地增值税:

(一)纳税人建造普通标准住宅出售,增值额未超过扣除项目金额20%的;

(二)因国家建设需要依法征收、收回的房地产。

第九条 纳税人有下列情形之一的,按照房地产评估价格计算征收:

(一)隐瞒、虚报房地产成交价格的;

(二)提供扣除项目金额不实的;

(三)转让房地产的成交价格低于房地产评估价格,又无正当理由的。

第十条 纳税人应当自转让房地产合同签订之日起七日内向房地产所在地主管税务机关办理纳税申报,并在税务机关核定的期限内缴纳土地增值税。

第十一条 土地增值税由税务机关征收。土地管理部门、房产管理部门应当向税务机关提供有关资料,并协助税务机关依法征收土地增值税。

第十二条 纳税人未按照本条例缴纳土地增值税的,土地管理部门、房产管理部门不得办理有关的权属变更手续。

第十三条 土地增值税的征收管理,依据《中华人民共和国税收征收管理法》及本条例有关规定执行。

第十四条 本条例由财政部负责解释,实施细则由财政部制定。

第十五条 本条例自一九九四年一月一日起施行。各地区的土地增值费征收办法,与本条例相抵触的,同时停止执行。

中华人民共和国土地增值税暂行条例实施细则

财政部、国家税务总局关于印发
《中华人民共和国土地增值税暂行
条例实施细则》的通知
财法字〔1995〕第6号

国务院各部委、各直属机构,各省、自治区、直辖市、计划单列市人民政府、财政厅(局)、国家税务局、地方税务局、财政监察专员办事处:

现将《中华人民共和国土地增值税暂行条例实施细则》印发给你们,望认真贯彻执行。

1995年1月27日

第一条 根据《中华人民共和国土地增值税暂行条例》(以下简称条例)第十四条规定,制定本细则。

第二条 条例第二条所称的转让国有土地使用权、地上的建筑物及其附着物并取得收入,是指以出售或者其他方式有偿转让房地产的行为。不包括以继承、赠与方式无偿转让房地产的行为。

第三条 条例第二条所称的国有土地,是指按国家法律规定属于国家所有的土地。

第四条 条例第二条所称的地上的建筑物,是指建于土地上的一切建筑物,包括地上地下的各种附属设施。

条例第二条所称的附着物,是指附着于土地上的不能移动,一经移动即遭损坏的物品。

第五条 条例第二条所称的收入,包括转让房地产的全部价款及有关的经济收益。

第六条 条例第二条所称的单位,是指各类企业单位、事业单位、国家机关和社会团体及其他组织。

条例第二条所称个人,包括个体经营者。

第七条 条例第六条所列的计算增值额的扣除项目,具体为:

(一)取得土地使用权所支付的金额,是指纳税人为取得土地使用权所支付的地价款和按国家统一规定交纳的有关费用。

(二)开发土地和新建房及配套设施(以下简称房地产开发)的成本,是指纳税人房地产开发项目实际发生的成本(以下简称房地产开发成本),包括土地征用及拆迁补偿费、前期工程费、建筑安装工程费、基础设施费、公共配套设施费、开发间接费用。

土地征用及拆迁补偿费,包括土地征用费、耕地占用税、劳动力安置费及有关地上、地下附着物拆迁补偿的净支出、安置动迁用房支出等。

前期工程费,包括规划、设计、项目可行性研究和水文、地质、勘察、测绘、"三通一平"等支出。

建筑安装工程费,是指以出包方式支付给承包单位的建筑安装工程费,以自营方式发生的建筑安装工程费。

基础设施费,包括开发小区内道路、供水、供电、供气、排污、排洪、通讯、照明、环卫、绿化等工程发生的支出。

公共配套设施费,包括不能有偿转让的开发小区内公共配套设施发生的支出。

开发间接费用,是指直接组织、管理开发项目发生的费用,包括工资、职工福利费、折旧费、修理费、办公费、水电费、劳动保护费、周转房摊销等。

(三)开发土地和新建房及配套设施的费用(以下简称房地产开发费用),是指与房地产开发项目有关的销售费用、管理费用、财务费用。

财务费用中的利息支出,凡能够按转让房地产项目计算分摊并提供金融机构证明的,允许据实扣除,但最高不能超过按商业银行同类同期贷款利率计算的金额。其他房地产开发费用,按本条(一)、(二)项规定计算的金额之和的百分之五以内计算扣除。

凡不能按转让房地产项目计算分摊利息支出或不能提供金融机构证明的,房地产开发费用按本条(一)、(二)项规定计算的金额之和的百分之十以内计算扣除。

上述计算扣除的具体比例,由各省、自治区、直辖市人民政府规定。

(四)旧房及建筑物的评估价格,是指在转让已使用的房屋及建筑物时,由政府批准设立的房地产评估机构评定的重置成本价乘以成新度折扣率后的价格。评估价格须经当地税务机关确认。

(五)与转让房地产有关的税金,是指在转让房地产时缴纳的营业税、城市维护建设税、印花税。因转让房地产交纳的教育费附加,也可视同税金予以扣除。

(六)根据条例第六条(五)项规定,对从事房地产开发的纳税人可按本条(一)、(二)项规定计算的金额之和,加计百分之二十的扣除。

第八条 土地增值税以纳税人房地产成本核算的最基本的核算项目或核算对象为单位计算。

第九条 纳税人成片受让土地使用权后,分期分批开发、转让房地产的,其扣除项目金额的确定,可按转让土地使用权的面积占总面积的比例计算分摊,或按建筑面积计算分摊,也可按税务机关确认的其他方式计算分摊。

第十条 条例第七条所列四级超率累进税率,每级"增值额未超过扣除项目金额"的比例,均包括本比例数。

计算土地增值税税额,可按增值额乘以适用的税率减去扣除项目金额乘以速算扣除系数的简便方法计算,具体公式如下:

(一)增值额未超过扣除项目金额 50%

土地增值税税额=增值额×30%

(二)增值额超过扣除项目金额 50%,未超过 100%

土地增值税税额=增值额×40%-扣除项目金额×5%

(三)增值额超过扣除项目金额 100%,未超过 200%

土地增值税税额=增值额×50%-扣除项目金额×15%

(四)增值额超过扣除项目金额 200%

土地增值税税额=增值额×60%-扣除项目金额×35%

公式中的 5%、15%、35% 为速算扣除系数。

第十一条 条例第八条(一)项所称的普通标准住宅,是指按所在地一般民用住宅标准建造的居住用住宅。高级公寓、别墅、度假村等不属于普通标准住宅。普通标准住宅与其他住宅的具体划分界限由各省、自治区、直辖市人民政府规定。

纳税人建造普通标准住宅出售,增值额未超过本细则第七条(一)、(二)、(三)、(五)、(六)项扣除项目金额之和百分之二十的,免征土地增值税;增值额超过扣除项目金额之和百分之二十的,应就其全部增值额按规定计税。

条例第八条(二)项所称的因国家建设需要依法征用、收回的房地产,是指因城市实施规划、国家建设的需要而被政府批准征用的房产或收回的土地使用权。

因城市实施规划、国家建设的需要而搬迁,由纳税人自行转让原房地产的,比照本规定免征土地增值税。

符合上述免税规定的单位和个人,须向房地产所在地税务机关提出免税申请,经税务机关审核后,免予征收土地增值税。

第十二条　个人因工作调动或改善居住条件而转让原自用住房,经向税务机关申报核准,凡居住满五年或五年以上的,免予征收土地增值税;居住满三年未满五年的,减半征收土地增值税。居住未满三年的,按规定计征土地增值税。

第十三条　条例第九条所称的房地产评估价格,是指由政府批准设立的房地产评估机构根据相同地段、同类房地产进行综合评定的价格。评估价格须经当地税务机关确认。

第十四条　条例第九条(一)项所称的隐瞒、虚报房地产成交价格,是指纳税人不报或有意低报转让土地使用权、地上建筑物及其附着物价款的行为。

条例第九条(二)项所称的提供扣除项目金额不实的,是指纳税人在纳税申报时不据实提供扣除项目金额的行为。

条例第九条(三)项所称的转让房地产的成交价格低于房地产评估价格,又无正当理由的,是指纳税人申报的转让房地产的实际成交价低于房地产评估机构评定的交易价,纳税人又不能提供凭据或无正当理由的行为。

隐瞒、虚报房地产成交价格,应由评估机构参照同类房地产的市场交易价格进行评估。税务机关根据评估价格确定转让房地产的收入。

提供扣除项目金额不实的,应由评估机构按照房屋重置成本价乘以成新度折扣率计算的房屋成本价和取得土地使用权时的基准地价进行评估。

税务机关根据评估价格确定扣除项目金额。

转让房地产的成交价格低于房地产评估价格，又无正当理由的，由税务机关参照房地产评估价格确定转让房地产的收入。

第十五条 根据条例第十条的规定，纳税人应按照下列程序办理纳税手续：

（一）纳税人应在转让房地产合同签订后的七日内，到房地产所在地主管税务机关办理纳税申报，并向税务机关提交房屋及建筑物产权、土地使用权证书，土地转让、房产买卖合同，房地产评估报告及其他与转让房地产有关的资料。

纳税人因经常发生房地产转让而难以在每次转让后申报的，经税务机关审核同意后，可以定期进行纳税申报，具体期限由税务机关根据情况确定。

（二）纳税人按照税务机关核定的税额及规定的期限缴纳土地增值税。

第十六条 纳税人在项目全部竣工结算前转让房地产取得的收入，由于涉及成本确定或其他原因，而无法据以计算土地增值税的，可以预征土地增值税，待该项目全部竣工、办理结算后再进行清算，多退少补。具体办法由各省、自治区、直辖市地方税务局根据当地情况制定。

第十七条 条例第十条所称的房地产所在地，是指房地产的座落地。纳税人转让房地产座落在两个或两个以上地区的，应按房地产所在地分别申报纳税。

第十八条 条例第十一条所称的土地管理部门、房产管理部门应当向税务机关提供有关资料，是指向房地产所在地主管税务机关提供有关房屋及建筑物产权、土地使用权、土地出让金数额、土地基准地价、房地产市场交易价格及权属变更等方面的资料。

第十九条 纳税人未按规定提供房屋及建筑物产权、土地使用权证书，土地转让、房产买卖合同，房地产评估报告及其他与转让房地产有关资料的，按照《中华人民共和国税收征收管理法》（以下简称《征管法》）第三十九条的规定进行处理。

纳税人不如实申报房地产交易额及规定扣除项目金额造成少缴或未缴税款的，按照《征管法》第四十条的规定进行处理。

第二十条 土地增值税以人民币为计算单位。转让房地产所取得的收入为外国货币的，以取得收入当天或当月1日国家公布的市场汇价折合成人民币，据以计算应纳土地增值税税额。

第二十一条 条例第十五条所称的各地区的土地增值费征收办法是指与本条例规定的计征对象相同的土地增值费、土地收益金等征收办法。

第二十二条 本细则由财政部解释，或者由国家税务总局解释。

第二十三条 本细则自发布之日起施行。

第二十四条 1994年1月1日至本细则发布之日期间的土地增值税参照本细则的规定计算征收。

附　录

国家税务总局关于修订土地增值税纳税申报表的通知

税总函〔2016〕309号

各省、自治区、直辖市和计划单列市地方税务局，西藏、宁夏自治区国家税务局：

为加强土地增值税规范化管理，税务总局决定修订土地增值税纳税申报表。现将修订的主要内容通知如下：

一、增加《土地增值税项目登记表》

根据《国家税务总局关于印发〈土地增值税纳税申报表〉的通知》（国税发〔1995〕090号）规定，从事房地产开发的纳税人，应在取得土地使用权并获得房地产开发项目开工许可后，根据税务机关确定的时间，向主管税务机关报送《土地增值税项目登记表》，并在每次转让（预售）房地产时，依次填报表中规定栏目的内容。

二、土地增值税纳税申报表单修订内容

（一）根据《财政部 国家税务总局关于土地增值税一些具体问题规定的通知》（财税字〔1995〕48号）规定，在《土地增值税纳税申报表（二）》和《土地增值税纳税申报表（五）》中增加"代收费用"栏次。

（二）根据《国家税务总局关于房地产开发企业土地增值税清算管理有关问题的通知》（国税发〔2006〕187号）和《国家税务总局关于印发〈土地增值税清算管理规程〉的通知》（国税发〔2009〕91号）规定，调整收入项目名称，在《土地增值税纳税申报表（一）》中增加"视同销售收入"数据列，在《土地增值税纳税申报表（二）》、《土地增值税纳税申报表（四）》、《土地增值税纳税申报表（五）》和《土地增值税纳税申报表（六）》中调整转让收入栏次，增加"视同销售收入"指标。

现将修订后的《土地增值税纳税申报表》(见附件)印发给你单位，请认真做好落实工作。各表单执行情况请及时反馈税务总局(财产和行为税司)。

附件：土地增值税纳税申报表（修订版）
http：//hd.chinatax.gov.cn/guoshui/action/ShowAppend.do? id=15032

国家税务总局

2016年7月7日

土地整治工程营业税改征增值税
计价依据调整过渡实施方案

国土资源部办公厅关于印发土地整治工程
营业税改征增值税计价依据调整过渡
实施方案的通知

国土资厅发〔2017〕19号

各省、自治区、直辖市、计划单列市国土资源主管部门，新疆生产建设兵团国土资源局：

　　为适应国家税制改革要求，落实《财政部 国家税务总局关于全面推开营业税改征增值税试点的通知》（财税〔2016〕36号）规定，规范土地整治项目预算管理，经商财政部同意，我部制定了《土地整治工程营业税改征增值税计价依据调整过渡实施方案》，现印发你们，请参照执行。

　　各省级国土资源主管部门可结合本地区的实际情况，按照财政和税务部门对营业税改征增值税的相关要求，调整本地区有关土地整治工程计价依据。对本方案执行中发现的问题和意见，各级国土资源部门及有关单位可及时反馈给国土资源部。

2017年4月6日

　　为贯彻落实国务院关于营业税改征增值税的战略部署，根据土地整治工程计价实际需要，制订本方案。

　　一、适用范围

　　本方案适用于执行《土地开发整理项目预算定额标准》（财综〔2011〕128号）（以下简称《定额标准》）的土地整治项目规划设计阶段投资预算中工程施工费编制；其他投资或其他阶段的土地整治工程施工费编制可参照本方案执行。

　　二、调整依据

　　（一）《中华人民共和国增值税暂行条例》（国务院令第538号）。

　　（二）《国务院关于做好全面推开营改增试点工作的通知》（国发明电

〔2016〕1号）。

（三）《关于全面推开营业税改征增值税试点的通知》（财税〔2016〕36号）。

（四）《营业税改征增值税试点方案》（财税〔2011〕110号）。

（五）《财政部 国家税务总局关于部分货物适用增值税税率和简易办法征收增值税政策的通知》（财税〔2009〕9号）。

（六）《关于印发土地开发整理项目预算定额标准的通知》（财综〔2011〕128号）。

（七）其他有关文件、资料。

三、费用组成

（一）营改增后土地整治工程费用的组成内容除本方案另有规定外，均与现行《定额标准》的有关内容一致。

（二）土地整治工程施工费中的税金是指按国家税法规定应计入工程造价内的增值税销项税额。将"城市维护建设税"和"教育费附加"、"地方教育费附加"调整到企业管理费中。

四、计价规定

（一）营改增后，土地整治工程造价（工程施工费）应按"价税分离"原则计算。具体要素价格适用增值税税率执行财税部门的相关规定。

（二）工程造价按以下公式计算：工程造价＝税前工程造价×（1+11%）。其中，11%为建筑业增值税税率，税前工程造价为人工费、材料费、施工机械使用费、措施费、间接费、利润、材料价差之和，各费用项目均以不包含增值税可抵扣进项税额的价格计算。税前工程造价以不含增值税价格为计算基础，计取各项费用。

（三）土地整治项目设备购置费及其他费用的计价规则和费用标准也应按"价税分离"原则进行调整。

五、计算方式与标准

（一）人工预算单价按现行《定额标准》执行，暂不做调整。

（二）材料预算单价组成内容中，材料原价、包装费、运输保险费、运杂费和采购及保管费分别按不含增值税（可抵扣进项税款）的价格确定。材料采购及保管费费率调整为2.17%。

（三）施工机械使用费以不含增值税款的价格计算，安装拆卸费、台班人工费不做调整。

（四）间接费中的相关费用项目，如属于增值税应税项目的，均按不含增值税的价格计算。

（五）利润率暂不做调整，仍为3%。

利润=（直接费+间接费）×3%。

（六）税金按建筑业适用的增值税率11%计算。

税金=（直接费+间接费+利润+材料价差）×11%

六、其他

（一）施工合同约定开工日期在2016年5月1日后的土地整治项目，应按本方案执行。本通知发布之前已批准的项目投资估算、概（预）算等造价文件不做调整。

（二）国家关于建筑业增值税率调整的，工程造价应按调整后的税率执行。

关于土地价款扣除时间等增值税
征管问题的公告

国家税务总局公告 2016 年第 86 号

为细化落实《财政部 国家税务总局关于明确金融 房地产开发 教育辅助服务等增值税政策的通知》（财税〔2016〕140 号）和进一步明确营改增试点运行中反映的操作问题，现将有关事项公告如下：

一、房地产开发企业向政府部门支付的土地价款，以及向其他单位或个人支付的拆迁补偿费用，按照财税〔2016〕140 号文件第七、八条规定，允许在计算销售额时扣除但未扣除的，从 2016 年 12 月份（税款所属期）起按照现行规定计算扣除。

二、财税〔2016〕140 号文件第九、十、十一、十四、十五、十六条明确的税目适用问题，按以下方式处理：

（一）不涉及税率适用问题的不调整申报；

（二）纳税人原适用的税率高于财税〔2016〕140 号文件所明确税目对应税率的，多申报的销项税额可以抵减以后月份的销项税额；

（三）纳税人原适用的税率低于财税〔2016〕140 号文件所明确税目对应税率的，不调整申报，并从 2016 年 12 月份（税款所属期）起按照财税〔2016〕140 号文件执行。

纳税人已就相关业务向购买方开具增值税专用发票的，应将增值税专用发票收回并重新开具；无法收回的不再调整。

三、财税〔2016〕140 号文件第十八条规定的"此前已征的应予免征或不征的增值税，可抵减纳税人以后月份应缴纳的增值税"，按以下方式处理：

（一）应予免征或不征增值税业务已按照一般计税方法缴纳增值税的，以该业务对应的销项税额抵减以后月份的销项税额，同时按照现行规定计算不得从销项税额中抵扣的进项税额；

（二）应予免征或不征增值税业务已按照简易计税方法缴纳增值税的，以该业务对应的增值税应纳税额抵减以后月份的增值税应纳税额。

纳税人已就应予免征或不征增值税业务向购买方开具增值税专用发票的，应将增值税专用发票收回后方可享受免征或不征增值税政策。

四、保险公司开展共保业务时，按照以下规定开具增值税发票：

（一）主承保人与投保人签订保险合同并全额收取保费，然后再与其他共保人签订共保协议并支付共保保费的，由主承保人向投保人全额开具发票，其他共保人向主承保人开具发票；

（二）主承保人和其他共保人共同与投保人签订保险合同并分别收取保费的，由主承保人和其他共保人分别就各自获得的保费收入向投保人开具发票。

五、《国家税务总局关于发布〈房地产开发企业销售自行开发的房地产项目增值税征收管理暂行办法〉的公告》（国家税务总局公告2016年第18号）第五条中，"当期销售房地产项目建筑面积""房地产项目可供销售建筑面积"，是指计容积率地上建筑面积，不包括地下车位建筑面积。

六、纳税人办理无偿赠与或受赠不动产免征增值税的手续，按照《国家税务总局关于进一步简化和规范个人无偿赠与或受赠不动产免征营业税、个人所得税所需证明资料的公告》（国家税务总局公告2015年第75号，以下称《公告》）的规定执行。《公告》第一条第（四）项第2目"经公证的能够证明有权继承或接受遗赠的证明资料原件及复印件"，修改为"有权继承或接受遗赠的证明资料原件及复印件"。

七、纳税人出租不动产，租赁合同中约定免租期的，不属于《营业税改征增值税试点实施办法》（财税〔2016〕36号文件印发）第十四条规定的视同销售服务。

本公告自发布之日起施行。

特此公告。

国家税务总局
2016年12月24日

国家税务总局关于房地产开发企业土地增值税清算涉及企业所得税退税有关问题的公告

国家税务总局公告 2016 年第 81 号

根据《中华人民共和国企业所得税法》及其实施条例、《中华人民共和国税收征收管理法》及其实施细则的相关规定，现就房地产开发企业（以下简称"企业"）由于土地增值税清算，导致多缴企业所得税的退税问题公告如下：

一、企业按规定对开发项目进行土地增值税清算后，当年企业所得税汇算清缴出现亏损且有其他后续开发项目的，该亏损应按照税法规定向以后年度结转，用以后年度所得弥补。后续开发项目，是指正在开发以及中标的项目。

二、企业按规定对开发项目进行土地增值税清算后，当年企业所得税汇算清缴出现亏损，且没有后续开发项目的，可以按照以下方法，计算出该项目由于土地增值税原因导致的项目开发各年度多缴企业所得税税款，并申请退税：

（一）该项目缴纳的土地增值税总额，应按照该项目开发各年度实现的项目销售收入占整个项目销售收入总额的比例，在项目开发各年度进行分摊，具体按以下公式计算：

各年度应分摊的土地增值税＝土地增值税总额×（项目年度销售收入÷整个项目销售收入总额）

本公告所称销售收入包括视同销售房地产的收入，但不包括企业销售的增值额未超过扣除项目金额 20% 的普通标准住宅的销售收入。

（二）该项目开发各年度应分摊的土地增值税减去该年度已经在企业所得税税前扣除的土地增值税后，余额属于当年应补充扣除的土地增值税；企业应调整当年度的应纳税所得额，并按规定计算当年度应退的企业所得税税款；当年度已缴纳的企业所得税税款不足退税的，应作为亏损向以后年度结转，并调整以后年度的应纳税所得额。

（三）按照上述方法进行土地增值税分摊调整后，导致相应年度应纳税所得额出现正数的，应按规定计算缴纳企业所得税。

（四）企业按上述方法计算的累计退税额，不得超过其在该项目开发各年度累计实际缴纳的企业所得税；超过部分作为项目清算年度产生的亏损，向以后年度结转。

三、企业在申请退税时，应向主管税务机关提供书面材料说明应退企业所得税款的计算过程，包括该项目缴纳的土地增值税总额、项目销售收入总额、项目年度销售收入额、各年度应分摊的土地增值税和已经税前扣除的土地增值税、各年度的适用税率，以及是否存在后续开发项目等情况。

四、本公告自发布之日起施行。本公告发布之日前，企业凡已经对土地增值税进行清算且没有后续开发项目的，在本公告发布后仍存在尚未弥补的因土地增值税清算导致的亏损，按照本公告第二条规定的方法计算多缴企业所得税税款，并申请退税。

《国家税务总局关于房地产开发企业注销前有关企业所得税处理问题的公告》（国家税务总局公告2010年第29号）同时废止。

特此公告。

国家税务总局
2016年12月9日

国家税务总局关于营改增后土地增值税若干征管规定的公告

国家税务总局公告 2016 年第 70 号

为进一步做好营改增后土地增值税征收管理工作，根据《中华人民共和国土地增值税暂行条例》及其实施细则、《财政部 国家税务总局关于营改增后契税 房产税 土地增值税 个人所得税计税依据问题的通知》（财税〔2016〕43 号）等规定，现就土地增值税若干征管问题明确如下：

一、关于营改增后土地增值税应税收入确认问题

营改增后，纳税人转让房地产的土地增值税应税收入不含增值税。适用增值税一般计税方法的纳税人，其转让房地产的土地增值税应税收入不含增值税销项税额；适用简易计税方法的纳税人，其转让房地产的土地增值税应税收入不含增值税应纳税额。

为方便纳税人，简化土地增值税预征税款计算，房地产开发企业采取预收款方式销售自行开发的房地产项目的，可按照以下方法计算土地增值税预征计征依据：

土地增值税预征的计征依据＝预收款-应预缴增值税税款

二、关于营改增后视同销售房地产的土地增值税应税收入确认问题

纳税人将开发产品用于职工福利、奖励、对外投资、分配给股东或投资人、抵偿债务、换取其他单位和个人的非货币性资产等，发生所有权转移时应视同销售房地产，其收入应按照《国家税务总局关于房地产开发企业土地增值税清算管理有关问题的通知》（国税发〔2006〕187 号）第三条规定执行。纳税人安置回迁户，其拆迁安置用房应税收入和扣除项目的确认，应按照《国家税务总局关于土地增值税清算有关问题的通知》（国税函〔2010〕220 号）第六条规定执行。

三、关于与转让房地产有关的税金扣除问题

（一）营改增后，计算土地增值税增值额的扣除项目中"与转让房地产有关的税金"不包括增值税。

（二）营改增后，房地产开发企业实际缴纳的城市维护建设税（以下简称"城建税"）、教育费附加，凡能够按清算项目准确计算的，允许据实扣除。凡不能按清算项目准确计算的，则按该清算项目预缴增值税时实

际缴纳的城建税、教育费附加扣除。

其他转让房地产行为的城建税、教育费附加扣除比照上述规定执行。

四、关于营改增前后土地增值税清算的计算问题

房地产开发企业在营改增后进行房地产开发项目土地增值税清算时，按以下方法确定相关金额：

（一）土地增值税应税收入＝营改增前转让房地产取得的收入＋营改增后转让房地产取得的不含增值税收入

（二）与转让房地产有关的税金＝营改增前实际缴纳的营业税、城建税、教育费附加＋营改增后允许扣除的城建税、教育费附加

五、关于营改增后建筑安装工程费支出的发票确认问题

营改增后，土地增值税纳税人接受建筑安装服务取得的增值税发票，应按照《国家税务总局关于全面推开营业税改征增值税试点有关税收征收管理事项的公告》（国家税务总局公告2016年第23号）规定，在发票的备注栏注明建筑服务发生地县（市、区）名称及项目名称，否则不得计入土地增值税扣除项目金额。

六、关于旧房转让时的扣除计算问题

营改增后，纳税人转让旧房及建筑物，凡不能取得评估价格，但能提供购房发票的，《中华人民共和国土地增值税暂行条例》第六条第一、三项规定的扣除项目的金额按照下列方法计算：

（一）提供的购房凭据为营改增前取得的营业税发票的，按照发票所载金额（不扣减营业税）并从购买年度起至转让年度止每年加计5%计算。

（二）提供的购房凭据为营改增后取得的增值税普通发票的，按照发票所载价税合计金额从购买年度起至转让年度止每年加计5%计算。

（三）提供的购房发票为营改增后取得的增值税专用发票的，按照发票所载不含增值税金额加上不允许抵扣的增值税进项税额之和，并从购买年度起至转让年度止每年加计5%计算。

本公告自公布之日起施行。

特此公告。

国家税务总局
2016年11月10日

关于营改增后契税、房产税、土地增值税、个人所得税计税依据问题的通知

财税〔2016〕43号

各省、自治区、直辖市、计划单列市财政厅（局）、地方税务局，西藏、宁夏、青海省（自治区）国家税务局，新疆生产建设兵团财务局：

经研究，现将营业税改征增值税后契税、房产税、土地增值税、个人所得税计税依据有关问题明确如下：

一、计征契税的成交价格不含增值税。

二、房产出租的，计征房产税的租金收入不含增值税。

三、土地增值税纳税人转让房地产取得的收入为不含增值税收入。《中华人民共和国土地增值税暂行条例》等规定的土地增值税扣除项目涉及的增值税进项税额，允许在销项税额中计算抵扣的，不计入扣除项目；不允许在销项税额中计算抵扣的，可以计入扣除项目。

四、个人转让房屋的个人所得税应税收入不含增值税，其取得房屋时所支付价款中包含的增值税计入财产原值，计算转让所得时可扣除的税费不包括本次转让缴纳的增值税。

个人出租房屋的个人所得税应税收入不含增值税，计算房屋出租所得可扣除的税费不包括本次出租缴纳的增值税。个人转租房屋的，其向房屋出租方支付的租金及增值税额，在计算转租所得时予以扣除。

五、免征增值税的，确定计税依据时，成交价格、租金收入、转让房地产取得的收入不扣减增值税额。

六、在计征上述税种时，税务机关核定的计税价格或收入不含增值税。

本通知自2016年5月1日起执行。

财政部 国家税务总局
2016年4月25日